CONTRA
LOS ARCONTES

Sabiduría Hermética, Gnóstica Y Secretos Alquímicos
Para Ganar La Batalla Contra Los Parásitos Energéticos
Y Alcanzar La Liberación Psíquica.

Pluma Arcana
Cynthia de Salvador Freixedo

www.OperacionArconte.com

Edición original en español:
Contra Los Arcontes
www.operacionarconte.com

Corrección de Estilo y Complementos por Cynthia de Salvador Freixedo

Derechos reservados. Ninguna parte de este libro puede ser reproducida o transmitida en cualquier forma o por ningún medio electrónico o mecánico, incluyendo fotocopiado, grabado o por cualquier almacenamiento de información o sistema de recuperación, sin permiso escrito del autor.

COPYRIGHT©

www.OperacionArconte.com

Suscríbete al Canal OperaciónArconte.com

Haz parte de nuestra comunidad en YouTube, encuentra todos nuestros videos y narraciones y expande tu mente para escapar de esta Granja Humana.

Visita ya nuestro canal, siguiendo el siguiente link: **www.OperacionArconte.com**

Contenido

Introducción 1

Capítulo 1. El mundo desde la perspectiva racional 10

Capítulo 2. Visión Alquimista 30

Capítulo 3. - Trinidad 46

Capítulo 4. Polaridad 66

Capítulo 5. Vacío y Neutralidad 87

Capítulo 6. Salida 110

Capítulo 7. El Supremo 137

Capítulo 8. El Deseo 159

Capítulo 9. Deseo como Acción 183

Capítulo 10. Una Ópera Magna 197

Epílogo 216

Sobre el Autor 221

Otros libros .... **Error! Bookmark not defined.**

Introducción

"Es mejor luchar por algo que vivir por nada." Estas palabras del famoso general estadounidense George S. Patton resuenan con fuerza. Y como bien dijo otro gran militar, Dwight D. Eisenhower: "Lo que cuenta no es necesariamente el tamaño del perro en la lucha, sino el tamaño de la lucha en el perro."

Si echas un vistazo al mundo actual, especialmente con el acceso a tanta información, las cosas pueden parecer caóticas y hasta demenciales en ocasiones. Independientemente de tu opinión sobre la situación presente, es innegable que todo está en constante cambio, y estos cambios parecen acelerarse cada vez más.

En este libro, planteo que estos cambios son resultado de un flujo energético con orígenes tanto internos (subjetivos) como externos (del mundo en general). Intentaré mostrarte claramente que gran parte de este flujo es bastante negativo para la humanidad, y que los orígenes de este aspecto negativo son el resultado de una fuerza titánica que no tiene en mente nuestro mejor interés.

Pero también te revelaré que no estamos indefensos ante esta fuerza colosal. A través del uso correcto de ciertas técnicas energéticas, esta fuerza oscura puede ser utilizada de manera transformadora para conseguir todo lo que deseas y liberarte de los aspectos opresivos de esta vida que todos compartimos.

Este libro, por lo tanto, trata sobre cómo luchar y vencer a un sistema global que atrapa a la persona promedio en una jaula sin paredes, y en una vida con poca realización personal.

Se han escrito muchos libros sobre cómo usar la mente para cambiar tu vida y tu realidad. Muchos te dirán que toda tu existencia es el resultado de estados subjetivos internos: las creencias, pensamientos e ideas que ocupan tu mente.

Hay textos muy útiles que brindan esperanza e introducen técnicas para mejorar la vida. Sin embargo, a menudo pueden decepcionar porque los cambios deseados no llegan rápido o no llegan en absoluto.

La gente se pregunta por qué ciertas técnicas sólo funcionan a veces. A veces se cuestionan por qué es imposible luchar contra el sistema. Incluso cuando se les dan estrategias para dejar de prestarle atención y liberarse, se preguntan por qué fracasan. Se preguntan por qué es imposible escapar de esta jaula opresiva sin paredes, y de las personas que constituyen el núcleo de este sistema aparentemente roto.

También se preguntan por qué falla su atención. Por qué es tan difícil mantener los pensamientos centrados en un tema; incluso cuando son sobre cosas que realmente les gustan o aman.

Estas preguntas pueden llevarlos a cuestionarse si están haciendo algo mal o si las técnicas que les enseñan no son del todo correctas. Muchos piensan que se les dice sólo parte de la verdad y, como resultado, pierden tiempo buscando esa técnica perfecta para conseguir lo que desean a través del poder de su Voluntad y atención enfocada.

Este libro proporcionará las respuestas a todas estas preguntas. Y también te mostrará una manera funcional de cambiar tu vida a mejor a través del poder de los pensamientos, la redirección energética y la atención enfocada.

Te muestro cómo hacerlo introduciendo un antiguo sistema de manipulación energética conocido como Alquimia. Y a diferencia de la mayoría de la literatura sobre este tema, aquí no hay códigos ocultos sólo para iniciados. Este libro no está hecho de medias verdades, metáforas o acertijos. Explica llanamente cómo utilizar las técnicas energéticas alquímicas.

En ese sentido, podría decirse que este libro trata de descubrir la verdad, y utilizar los conocimientos adquiridos para vencer a un sistema diseñado para quitarte más de lo que podrías recuperar de él.

Este libro dice la verdad sin compromiso y es importante que empiece a relatar parte de ella aquí mismo en esta introducción. De esta manera, si deseas seguir leyendo, entenderás claramente de lo que se trata, y si quieres dejar el libro y seguir adelante, puedes hacerlo libremente.

La primera verdad que debo compartir es que todos estamos rodeados de infinito. Cuando miras a tu alrededor, puedes pensar que eres un ser que vive en un mundo rodeado de objetos y que tú mismo eres un objeto, aunque sensible.

Sin embargo, los alquimistas descubrieron hace mucho que todos estamos perdidos en una ilusión perceptiva. Esta ilusión oculta el hecho de que no hay objetos ahí fuera, sólo hay energía. Aunque algunos podrían argumentar que hay ciertos conglomerados energéticos que podrían actuar sobre la humanidad de una manera que hemos aprendido a describir como objetos, la realidad fundamental es que esos objetos (y la solidez que les atribuimos) es una ilusión... ¡una ilusión impuesta!

Los alquimistas dirían que, de hecho, estamos rodeados por el infinito, que podría describirse más sucintamente como un inconmensurable Mar Oscuro.

El segundo hallazgo alquímico que debo compartir es que los humanos no somos los depredadores ápice que creemos ser. Nuestras concepciones de la realidad nos dicen que somos un objeto sensible rodeado de otros objetos que no son sensibles como nosotros, y que dentro de este reino de objetos menores somos las criaturas más poderosas debido a esta supuesta mayor conciencia que disfrutamos - la criatura depredadora superior que se aprovecha del resto del mundo.

La perspectiva alquímica, sin embargo, es que no somos este depredador superior ni mucho menos, y que hay muchas criaturas ahí fuera que ahora nos consideran comida. Estos depredadores que consumen al hombre, el supuesto depredador supremo, están en su mayor parte completamente fuera de nuestro radar perceptivo. Esto es así porque estas formas de vida no se consideran posibles en una visión del mundo que sólo cree en el poder de los objetos.

Verás, estos depredadores son no orgánicos, es decir: no son objetos tal y como entendemos el término y, por tanto, están más allá de la percepción racional actual. Podría decirse que son formas de vida que no están limitadas por la biología, y son esencialmente un tipo de conglomerado energético que no requiere un rango de frecuencia vibratoria al que nos referimos como forma física.

Estas criaturas varían enormemente en forma y tamaño. Hay una increíble variedad de ellas sólo en esta Tierra. Pueden variar desde algo tan pequeño como un pez dorado, hasta seres tan grandes como las nubes en el cielo. Por supuesto, no están completamente fuera de nuestra percepción, y de hecho hay grupos y prácticas ocultas orientadas específicamente a interactuar con estos seres para obtener poder y conocimiento.

En este libro, discutiremos y examinaremos un conglomerado energético no orgánico en particular. Este conglomerado podría decirse que es la mayor forma de vida no orgánica dentro de nuestra esfera humana. Esta forma de vida ha sido conocida por muchos nombres a lo largo de la historia, pero el que quizás mejor capta su verdadera realidad es: Arconte[1].

Tal vez te preguntes qué tiene que ver todo esto con luchar contra el sistema, conseguir lo que deseas a través del poder mental, y la Alquimia en particular.

La respuesta se encuentra en el mayor secreto de la alquimia:

La Alquimia se basa únicamente en técnicas diseñadas para superar la fuerza de vida no orgánica depredadora Arcóntica que ahora está consumiendo la esencia energética de toda la humanidad. Por lo tanto, la Alquimia se ocupa completamente de la acumulación de la esencia energética del ser humano individual.

Una vez que un Alquimista ha adquirido suficiente de esta energía, que está siendo tomada de la humanidad sin su consentimiento, la Alquimia se ocupa de cómo

---

[1] En la cosmología gnóstica, los arcontes son entidades cósmicas menores que se creen creadas por el dios creador (demiurgo) para que le ayuden a gobernar el universo. Sin embargo, en este contexto, los arcontes representan fuerzas negativas o parásitas que buscan controlar y alimentarse de la humanidad.

redistribuir estas ganancias con el fin de cambiar todos los aspectos de la vida del Alquimista, tanto a nivel material como espiritual.

Si todo esto te parece un poco abrumador ahora mismo, ten en cuenta que lo describo con mucho más detalle en el libro. Más allá de esto, presento técnicas alquímicas MUY poderosas que deberían permitirte finalmente ponerlo todo junto, por así decirlo. Esta explicación, más las técnicas que la acompañan proporcionan la respuesta COMPLETA a lo que he discutido hasta ahora:

La verdad sobre el gran Arconte y la razón de toda la lucha y el dolor en este mundo.

La verdad sobre la esencia energética de la humanidad: Cómo esta energía es absorbida y creada, y cómo se mueve dentro y fuera de la estructura energética humana.

Y también proporcionará maneras de:

- Usar el poder de la mente para cambiar tu realidad objetiva personal.

- Usar la 'Fuerza de Voluntad' para redirigir a las personas que te rodean para que te ayuden, o no interfieran con la vida que quieres vivir.

- Obtener más poder y sabiduría para usarlo sabiamente.

- Volverte rico tanto material como espiritualmente.

- Detener el flujo de la vida y alcanzar lo que algunas escuelas orientales llaman Samadhi y eventualmente Nirvana si así lo deseas.

- Moverte más allá de este mundo hacia otros estados dimensionales.

Podría decirse que este libro comienza explicando el poder de la causalidad, primero desde la perspectiva humana normal, la perspectiva del universo lleno de objetos, que podría denominarse la visión mecánica.

Pero luego continúa introduciendo un nuevo tipo de causalidad que, en muchos sentidos, es profundamente diferente de la que la humanidad está utilizando en este momento. Este nuevo tipo es la perspectiva Alquímica, que depende completamente de los movimientos energéticos. Desde esta nueva perspectiva alquímica de causa y efecto, que se basa enteramente en una visión energética de la realidad, vemos el mundo bajo una "nueva luz".

Esta nueva luz nos permite empezar a discutir y aplicar una nueva forma de hacer las cosas. Esta visión energética proporciona respuestas que explican por qué las cosas son como son ahora mismo, lo que realmente está pasando en el mundo. Y además, pone a disposición una mejor metodología para actuar en este mundo.

Y, de hecho, este libro proporciona una manera de luchar contra aquellas fuerzas que ahora están comprometidas en el acto de esclavizar a la humanidad, fuerzas que han estado activas en este mundo durante milenios y que parecen estar cerca de consolidar su poder en esta Tierra para siempre.

Y lo que es más importante, ¡este libro revelará la Gran y Santa Trinidad de la Alquimia! Revela cómo utilizar sus secretos para extraer, purificar y transmutar la energía con el fin de romper las cadenas de la esclavitud. Los secretos de la Santa Trinidad de la Alquimia permiten a un ser humano desarrollar un verdadero control sobre todos los aspectos de su vida, y permiten a esa persona luchar contra la opresión de los zombis humanos, que ahora gobiernan este mundo en nombre del Gran Arconte.

Mientras el mundo continúa su juego de monopolio distópico, te mostraré cómo salir del tablero y golpearlo hasta que consigas lo que quieres. De hecho, no sólo voy a mostrarte los bordes del tablero y cómo salirte de él, sino que voy a enseñarte cómo mover las piezas del monopolio sólo con el poder de tu Intención.

Eso es lo que hacen los alquimistas. Demuestran que, cuando nos esforzamos por ser mejores de lo que somos, todo lo que nos rodea también se vuelve mejor.

Como bien dijo Paulo Coelho en su obra maestra "El alquimista": "Cuando luchamos por ser mejores de lo que somos, todo nuestro entorno también se vuelve mejor."

Capítulo 1. El mundo desde la perspectiva racional

Para entender la perspectiva alquímica que se presenta a continuación y cómo utilizar sus secretos para empezar a controlar tu destino energético y objetivo, es mejor que comencemos desde el principio. Esto significa que deberíamos comenzar examinando el mundo moderno desde la postura cognitiva[2] humana habitual.

Denominada por algunos la visión mundana del mundo, esta perspectiva es la racional, la que comparte la mayoría de las personas. El escéptico promedio cree que ésta es la única visión real, lógica y que realmente importa, ya que cualquier otra visión del mundo es para él una completa ilusión.

Esta visión normal y racional te dice que formas parte de una sociedad intrincada hecha de cosas. Cree que el ser humano es un objeto rodeado de otros objetos. La racionalidad, que representa la cordura y el pensamiento correcto en nuestros tiempos, se desarrolla y organiza mediante una lógica estrecha basada únicamente en una interpretación mecánica de la realidad.

---

[2] La postura cognitiva se refiere a la perspectiva o punto de vista desde el cual una persona percibe, interpreta y comprende el mundo que le rodea. Está influenciada por factores como las creencias personales, los valores, las experiencias y el conocimiento adquirido.

Esta interpretación mecanicista postula que somos máquinas de carne, rodeados de objetos duros e insensibles, y que sólo a través de la razón podemos funcionar eficazmente. El ser humano es visto como la criatura superior, el único ser verdaderamente sensible en este planeta.

Esta limitada estructura cognitiva impone un marco lógico restringido a la persona promedio, que rige las diversas ciencias y filosofías que practicamos. A pesar de que ciertas ramas de la ciencia, utilizando una lógica más sofisticada, han ido descubriendo algunos de los grandes misterios del mundo y la gran locura de la estructura cognitiva media, la humanidad sigue actuando como un esquizofrénico.

La física revela un mundo de energía e interconexiones aparentemente mágicas, la biología descubre hechos que muestran la insuficiencia de los modelos modernos de causalidad evolutiva, la química se topa con muros infranqueables al tratar de descifrar ciertas interacciones atómicas, pero la humanidad, profundamente atascada en una postura racional, cierra los ojos y bloquea el paso; como un mago novato que accidentalmente ha abierto una puerta oculta que da al infinito y a la locura.

Esta perspectiva racional no es del todo mala; tal postura tiene beneficios. Te permite compartir una realidad en la que puedes trabajar con otros hacia un objetivo relativamente común, pero significa que la persona promedio ve la vida como algo frío, predecible y lleno de límites.

Y así, como un esquizofrénico, pasando de momentos de brillantez a verdadera idiotez, la humanidad sigue adelante, lastrada por su última religión: la racionalidad. Y es desde esta posición cognitiva que se denomina cordura y sentido común, desde la que contemplas este mundo.

Definición de Posición Cognitiva

Aunque este capítulo trata de comprender el mundo moderno desde la visión racional, es importante que definamos el término "Posición Cognitiva", porque este punto de construcción de la realidad, informe y actualmente inmensurable, desempeña un papel muy importante en todos los asuntos humanos.

Podemos definir la posición cognitiva de esta manera:

El esquema organizativo que define cómo un ser consciente estructura los pensamientos, la experiencia y los datos sensoriales. Esta posición es el resultado de la constitución biológica, las creencias, el nivel energético y las influencias externas de la humanidad. Hay un número infinito de posiciones cognitivas, y cada una proporciona una visión del mundo diferente que puede ser algo o completamente distinta de cualquier otra. Cambiar las posiciones cognitivas puede permitirte ver, experimentar y actuar sobre el mundo de maneras diferentes.

Un pequeño cambio en las posiciones cognitivas puede lograrse mediante un cambio en las creencias, porque las creencias son los fundamentos subyacentes que te hacen pensar, actuar y percibir de una determinada manera. Cada estructura de creencias trae consigo su propia lógica, lo que básicamente significa que cada sistema de creencias crea su propia matriz de causalidad; su propia idea de lo que implica causa y efecto.

Los racionalistas dirán que sólo hay un tipo de lógica: la suya. Todo lo demás es ilusión y locura. Pero la realidad es que hay muchos tipos de lógica, algo que exploraremos más a fondo en el Capítulo 2.

Un ejemplo de ese pequeño cambio en la creencia y, por tanto, en el modelo de causalidad, puede observarse contemplando las diferentes posiciones cognitivas del ateísmo racionalista y del fervor religioso. Se trata de dos posturas distintas que proporcionan una visión del mundo completamente diferente, estructuras lógicas ligeramente diferentes y formas completamente distintas de actuar.

Aunque se trata de una pequeña diferencia en la posición cognitiva (en el sentido de que ambas comparten patrones de datos sensoriales casi idénticos desde una perspectiva biológica humana), dichos datos pueden estructurarse de maneras completamente diferentes. Esto significa que ciertos pensamientos y datos sensoriales serán ignorados mientras que otros serán el foco de atención. Una estructura de creencias, entonces, es como un gran colador que sólo permite que ciertos datos pasen mientras bloquea todos los demás.

Si continuamos con este ejemplo, podemos imaginar lo que estos dos individuos podrían ver cuando ambos miran la misma roca en medio de un campo estéril.

El ateo racionalista podría ver:

- Granito o granitoide

- Un objeto (una roca) encima de otro objeto (la Tierra)

- El resultado final de un proceso geológico frío y altamente eficiente que afecta a todos los objetos dentro del espacio y da la impresión de un orden sensible.

Un religioso ferviente podría ver:

- Un milagro

- La voluntad de Dios

- Una gran roca creada por Dios en el principio de los tiempos.

- Interconexión unida a través del gran poder del espíritu que proporciona esperanza, dirección y un futuro para aquellos que siguen la inquebrantable ley del ser.

Mismo lugar, misma roca, diferentes estructuras mentales.

Por otro lado, una variación muy grande en las posiciones cognitivas puede revelar mundos totalmente diferentes; ¡no más roca, un lugar completamente distinto!

Desde una perspectiva alquímica, las posiciones cognitivas crean la realidad, no al revés.

El mundo moderno desde una perspectiva racional

Desde la posición cognitiva que ahora gobierna gran parte del mundo occidental (la racionalidad), podemos interpretar en qué se ha convertido este mundo moderno:

A medida que la población humana crece y la tecnología avanza rápidamente, nos encontramos en un mundo donde ni siquiera se puede toser sin que alguien lo grabe en video y lo comparta con el resto de la humanidad. Con un clic, estás conectado a miles de millones de mentes, y esas mentes no siempre buscan una interacción amistosa; la mayoría de las veces están interesadas en imponer sus agendas y opiniones a los demás.

La "corrección política" es la nueva frase religiosa de moda en este mundo racional, y usando sus dictados, la gente se ve obligada a seguir una determinada estrategia de vida. Si te desvías de esta forma correcta de ser, puedes ser castigado por tus iguales o por el Estado. Gracias a la interconexión que permite la tecnología moderna, este empuje altamente sistematizado para que todos se conviertan en un rebaño amoroso todo incluido, ha iniciado la conversión de miles de millones, convirtiéndose en uno de los mayores memes de este planeta.

Muchos dicen que en esta época la gente tiene las mayores libertades individuales, y en gran parte puede expresar sus opiniones e ideas libremente en el mundo. Ciertamente parece bastante fácil conseguir una cuenta en las redes sociales y empezar a despotricar.

Y, sin embargo, nunca en la historia ha habido tantas personas que hayan abrazado y se hayan visto influidas por estructuras de creencias que les hagan renunciar a su individualidad y compartir una misma mente y un mismo ideal social.

Las estructuras de creencias (o memes), gracias a la superautopista interconectada que es Internet, tienen ahora un poder que habría parecido imposible hace sólo unas décadas. Y aunque no hay que pasar por alto los beneficios de esta interconexión, también hay que señalar que esta red de conexiones ahora influye en la opinión humana, a través del control directo de lo que los seres humanos experimentan y creen; de maneras que están literalmente más allá de la sofisticación orwelliana.

Desde una perspectiva racional, este increíble crecimiento y cambio de la humanidad es el resultado de la evolución natural. Está generalmente aceptado que la evolución y la selección natural son los responsables de lo que los seres humanos somos ahora y de lo que podemos llegar a ser en el futuro. La teoría evolutiva es una premisa muy lógica y descubrirás que la Alquimia no descarta por completo este modelo "transmutativo". De hecho, la ciencia de la Alquimia está de acuerdo con los fundamentos de este proceso evolutivo, al que se refiere como transmutación, y sólo encuentra fallos en los modelos de causalidad muy limitados utilizados por el establishment científico moderno para intentar comprenderlo.

La teoría evolutiva nos dice que las cosas evolucionan mediante un proceso gradual. Desde una perspectiva científica puramente racional (es decir, moderna), la evolución se considera un mecanismo gradual que afecta a las poblaciones, no a los individuos. Por tanto, un cambio evolutivo es un cambio "heredable" que se transmite de una generación a la siguiente a través del material genético.

Se podría definir este proceso de forma más sencilla diciendo que es la copia o transferencia de cierto material genético con la adición de variación y selección.

Este proceso se puede utilizar para explicar, con algunos retoques y pasando por alto una gran cantidad de datos, cómo evolucionó todo este mundo de una cosa a otra, y cómo hemos llegado a este punto con el ser humano supuestamente como la criatura superior en este planeta.

Se trata simplemente de un modelo de causa y efecto que utiliza un tipo de lógica mecanicista para explicar nuestro lugar en el universo. La mente racional acepta todas sus premisas y con ellas podríamos, si tuviéramos tiempo, explicar cómo es que la humanidad se encuentra en este estado, y lo que el futuro podría depararnos.

Por desgracia, este proceso evolutivo basado en los genes puede darnos cierta perspectiva, pero aparte de decirnos por qué los humanos "pueden" emprender acciones mentales tan complejas, no puede explicar realmente la Corrección Política, o por qué parecemos estar en el umbral de un gran cambio social.

Para comprenderlo, tenemos que consultar a un hermano más reciente de la evolución genética (o biológica) llamado Memética[3].

---

[3] La memética es un enfoque neodarwinista de los modelos evolutivos de transferencia de información cultural. Propone que la cultura evoluciona por medios darwinianos, pero en un sustrato diferente, el de las memorias humanas, originándose por imitación y replicándose o transmitiéndose de un individuo a otro.

El poder de los memes

La mayoría tiende a pensar que los memes son modas pasajeras, lo que supongo que es una definición relativamente acertada, sin embargo esta definición ni siquiera insinúa el increíble poder que el meme tiene en todos los asuntos humanos. De hecho, un meme puede definirse simplemente como aquello que se imita de persona a persona; lo que a primera vista no parece gran cosa.

Pero si nos remontamos a la definición de evolución, encontramos una asombrosa correlación entre genes y memes.

Dado que la teoría de la evolución biológica es simplemente la copia de material genético de una generación a la siguiente, mientras que la variación y la selección están presentes, ¡se podría decir que el meme es un tipo diferente de proceso de copia que sirve para el mismo propósito que el material genético!

Lo verdaderamente increíble es que este nuevo mecanismo de copia que produce diseño a través de la variación y la selección al igual que los genes, está completamente basado en la información; no hay absolutamente nada físico en ello, es un evento completamente subjetivo que más tarde produce resultados objetivos en el huésped, sin necesidad de transferencia genética en absoluto.

Utilizando la Memética podemos, a través de un modelo científico racional, examinar el mundo moderno y el futuro de la humanidad. Podemos ver cómo los memes, que son estructuras de creencias que se transmiten de una persona a otra casi como un contagio biológico, han dado forma a toda nuestra historia conocida. Una religión o una ideología política, por ejemplo, pueden considerarse memes, memes muy grandes y complejos, pero memes al fin y al cabo.

Y se puede ver que memes tan grandes y poderosos, como una religión o una ideología política, parecen existir como organismos vivos que tienen la necesidad de propagarse, pasando de una mente humana a la siguiente.

Un meme puede entonces dedicar algunos o todos los recursos del organismo anfitrión, para intentar replicarse en más y más mentes. El meme crece en tamaño y poder a medida que afecta a más y más mentes humanas, y entonces utiliza este poder añadido para crecer más, hacerse más fuerte y vivir más tiempo.

Suena casi como un apocalipsis zombi, ¿verdad? Y, sin embargo, es un buen modelo de causa y efecto que está siendo estudiado muy seriamente por científicos de todo el mundo.

Me pregunto si has captado la frase que da miedo. La frase que debería asustarte, a mí desde luego me asusta bastante, es:

"...dedica algunos o todos los recursos del cuerpo anfitrión para intentar replicarse".

Así es, un meme no se introduce en tu cerebro y luego se queda ahí pacífica y tranquilamente mientras te abres camino por la vida. Un meme, al igual que un invasor biológico, utiliza el cuerpo del huésped para intentar replicarse. Literalmente te obliga a salir e infectar a tanta gente como puedas. Así que, al igual que un rasgo genético particular, se puede decir que un meme sólo tiene éxito en la medida en que su anfitrión sea capaz de replicarlo.

Pensemos, por ejemplo, en el meme de la "corrección política". Cuando invade un determinado cerebro, cuando alguien se convierte a esa estructura de creencias concreta, esa persona suele empezar a emprender una campaña de propaganda bastante deliberada para convertir e imponer todos los dictados que exige esta nueva estructura de creencias. Si esta persona es famosa o poderosa de alguna manera, lo más probable es que esta nueva estructura de creencias adquiera muchos nuevos conversos, ya que esta persona utiliza sus vastos recursos para convertir a otros. Si, por el contrario, el huésped infectado es de naturaleza reservada y no tiene un gran poder social, lo más probable es que este meme no tenga tanto éxito a la hora de propagarse. Por tanto, el éxito del meme dependerá de los huéspedes que consiga infectar.

Pero en cualquier caso, el verdadero poder de este meme proviene de su capacidad para utilizar los recursos del anfitrión para sus propios fines.

Al igual que una infección biológica, algunos pueden ser infectados por el meme Políticamente Correcto y no sufrir mucho por esta infección en absoluto. Mientras que puede haber otros que se vuelvan verdaderamente enfermos y pierdan una gran cantidad de fuerza vital y quizás incluso sus vidas mientras intentan desesperadamente convertir/infectar a otros. De hecho, un meme parece compartir muchas similitudes con un virus, y curiosamente los virus se utilizan ahora como una forma de introducir nuevo material genético en los cuerpos de los huéspedes.

Por tanto, puede decirse que el meme es una de las fuerzas evolutivas más poderosas que dan forma a la raza humana. Te infecta como un virus, introduciendo nuevo material que puede causar graves mutaciones en tu mente. Estas mutaciones mentales desvían algunos o todos los recursos disponibles para ti y obligan a tu mente a hacer lo que pueda para "empujar" ese meme a las mentes de los demás.

Así pues, la memética es una ciencia asombrosa que puede ayudarnos a comprender lo que está ocurriendo en el mundo en estos momentos. Por desgracia, adolece de un gran problema:

Los científicos no pueden medir la verdadera complejidad del pensamiento humano y el ámbito subjetivo en el que existen estos pensamientos.

Como la Memética trata de algo que no se puede medir realmente, no se toma muy en serio. Esto es así porque la postura cognitiva racional exige tales mediciones objetivas; todo lo que no se puede medir, lo que no se puede definir como un objeto, no es real.

Esto significa que, aunque en este capítulo me esfuerzo por ofrecer una explicación racional del mundo tal y como es hoy y tal y como podría ser en el futuro, tales concepciones podrían no ser realmente posibles debido a la muy limitada perspectiva racional. La Memética nos da una pista, pero es defectuosa desde una perspectiva racional debido a su limitada capacidad para medir lo que estudia. Además, aunque la memética pueda decirnos cómo los memes pueden moldear el mundo, no puede decirnos de dónde vienen estos memes, por qué algunos se vuelven más poderosos que otros y por qué algunos se desvanecen mientras otros prosperan (para tales explicaciones tendremos que esperar hasta el próximo capítulo donde se discute la Postura Cognitiva Alquímica).

Podrías creer racionalmente que existe un antídoto simple para memes dañinos como la Corrección Política. Uno se imaginaría que podrías simplemente desconectarte de todo este lío de las redes sociales y eso sería el fin. Desgraciadamente, tal tarea resulta casi imposible, ya que cada vez más necesitamos esta interconexión tecnológica para hacer nuestro trabajo y desenvolvernos en la vida.

Tal vez todos podamos prescindir de las redes sociales, y si lo intentamos, sin duda podremos reducir nuestra ingesta de opiniones, mezcladas con dosis saludables de repetición y mentiras descaradas, que ahora son parte integrante incluso de organizaciones de noticias supuestamente imparciales.

Pero incluso aquellos que pueden desprenderse completamente del zumbido de la mente de la colmena, no pueden huir completamente del mundo, porque ese mundo está lleno de una población cada vez mayor que está infectada por los muchos memes de la época. Estos memes, que en esencia son estructuras de creencias enteras que se transmiten de una persona a otra de forma viral, cambian esas poblaciones en constante crecimiento y literalmente convierten a los infectados en robots/zombis que sirven a esta nueva y poderosa estructura de creencias.

Estos robots sirven a este nuevo meme de la única forma en que un meme así podría ser servido: proporcionan energía a estos nuevos memes.

Como ya se ha comentado, algunos seguidores de este nuevo meme, es decir, robots/zombis, renuncian a parte de su energía, mientras que otros renuncian a casi toda su fuerza vital por la causa de esta nueva creencia aparentemente todopoderosa. La mayoría es consciente de que están cediendo energía a este nuevo meme, al que a menudo llaman causa o hecho innegable, y están de acuerdo con ello porque piensan que es lo "correcto". Lo que no comprenden es que el pensamiento y la atención humanos son mercancías muy poderosas que se están utilizando para alimentar estructuras que no tienen en absoluto el mejor interés para la humanidad.

Ciertamente, muchos de los que se han convertido en completos seguidores de un nuevo meme, darían su vida y su alma para "salvar el mundo" y propagar las creencias y opiniones que estos memes defienden. Convencerlos de que realmente han renunciado a sus vidas por unas nuevas creencias que, por lo general, no están interesadas en su bienestar individual, es por desgracia irrelevante, porque la mayoría no está interesada en escuchar tu opinión, sólo en propagar la suya. Y para ser justos, nuestras creencias no son mejores que las suyas, ¡independientemente de lo que nuestros memes personales nos empujen a decir o hacer!

El gran deseo de intentar cambiar la estructura de creencias de otra persona no es más que un síntoma de infección vírica, causada por cualquier meme del que nosotros mismos estemos infectados.

Cambiar la mentalidad de alguien, es como intentar decirle a un completo racionalista que si tan sólo no creyera en la gravedad, podría caminar sobre las nubes. En el mejor de los casos, te ignorarían o te dirían que te largaras; en el peor, te insultarían y te darían un puñetazo en la cara. Imagínate cómo sería la guerra en las redes sociales (quiero decir, el debate) entre los que creen en la gravedad y los que no. Imagina las marchas, las peleas, los disturbios, las concentraciones en línea, los grupos y organizaciones creados, las campañas promoviendo el uso de ciertos colores o logotipos. Las cábalas empresariales y gubernamentales que promueven un lado u otro de la creencia con el fin de obtener mayor riqueza y poder.

Y luego imagina a una persona de lo más inusual, una persona que ha conseguido desenchufarse de esta gigantesca batalla de memes opuestos. ¿Puede esta persona liberarse de la refriega? ¿Está a salvo, tanto energética como físicamente?

"No", es la respuesta corta, él o ella no podrá escapar por mucho tiempo. A medida que la batalla se encarniza y crece, esta persona empezará a sentir los efectos tanto física como mentalmente. A medida que más personas canalizan su energía hacia una u otra creencia, la estructura de creencias crece en poder y desarrolla una especie de impulso autosostenido que se hace cada vez más fuerte. La fuerza de esta estructura de creencias no suele ser sentida por la persona media al principio, al menos de forma consciente, pero una persona sensible sentirá los pensamientos y la intención de todas esas personas, y dependiendo de lo sensible que sea, puede verse asaltada por la ansiedad, los malos sueños, e incluso sentir cómo sus emociones oscilan de un extremo a otro, mientras pequeños debates se agitan en su cabeza sin razón aparente.

Esta proyección masiva de la atención de tanta gente hacia una estructura de creencias concreta empezará a manifestar aspectos de esa estructura en el mundo físico. Dicha estructura creará nuevos gobiernos, guerras, edificios, tecnología y escrituras. Cambiará las economías y la riqueza de las naciones si crece lo suficiente.

Nuestra persona solitaria, el único humano desenchufado del planeta, no podrá mantenerse al margen de esta batalla por más tiempo, sea sensible o no. Los signos de esta nueva estructura de creencias, este meme hecho concreto, estarán por todas partes. Los empleos, a los que esta persona podría tener que acudir, cambiarán para adaptarse a un nuevo estándar, y el propio coste de los alimentos y el agua podría cambiar como resultado de esta "nueva realidad". La gente que rodea a esta persona solitaria también cambiará, tanto mental como físicamente, y se verá obligada a convertirse, a actuar como un converso o a huir.

Mirando a este mundo moderno podemos ver que el gran movimiento de personas está ocurriendo ahora, mientras unos pocos huyen de las grandes concentraciones de la humanidad, y la mayoría de los demás inundan el mundo "desarrollado". La migración masiva de personas del tercer mundo al primero es de esperar, de hecho se considera una conclusión inevitable del gran crecimiento de la población y de la escasez de dinero y recursos.

Pero, ¿es esta consecuencia "racional" algo que tiene que suceder?

Como diría la mayoría de los que están atrapados en el meme racionalista, se trata simplemente de la evolución y de las leyes de la oferta y la demanda. Pero, ¿es necesaria tanta miseria para que la evolución siga su camino?

Esto es algo que estudiaremos más a fondo en el segundo capítulo. Por ahora, démonos cuenta de que los memes modernos crean cambios que las mismas fuerzas meméticas (la racionalidad es una de las más importantes en este momento) que causan todos los cambios en primer lugar consideran "inevitables".

Aunque la atribución de todo a las fuerzas meméticas sería una gran sobreestimación del poder del pensamiento humano, espero mostrarte que, de hecho, todo lo que vemos es primero el resultado de la Acción Interna, que luego se convierte en acción física, objetos y acontecimientos.

Tal comprensión, que he introducido desde una perspectiva racional utilizando la ciencia de la Memética, puede iniciar el proceso de la gran "iluminación", y este proceso es la primera y más preciosa joya de la gran obra Alquímica; es descaradamente el primer paso en el proceso de consecución de ILLUMINATUS.

Pero para comprender el conjunto mayor de esta iluminación, debemos esforzarnos por alcanzar una posición cognoscitiva diferente. Esto es necesario porque aunque la ciencia de la Memética, y ciertas estructuras lógicas que se utilizan en otras ciencias, pueden ser altamente perceptivas y de gran ayuda, fallan en un aspecto muy grande; no revelan la causa última de las cosas.

Una mente racional cree que tiene todas las respuestas, que tiene incluso la respuesta para la causa última de las cosas. Pero desde una perspectiva Alquímica, la posición cognitiva racional es muy estrecha y las creencias que la impulsan bloquean los datos sensoriales que son cruciales para comprender lo que realmente sucede en este mundo.

Y puesto que conocer la causa fundamental de las cosas es de suma importancia si queremos continuar, me veo obligado a presentar el estado del mundo moderno tal y como se percibe desde una posición cognitiva diferente.

Capítulo 2. Visión Alquimista

Cuando un alquimista observa el mundo, no percibe lo mismo que los demás. De hecho, para un alquimista existen múltiples formas de interpretar la realidad, pero solo una es considerada la más acertada.

Como mencioné antes, cuando una persona promedio mira el mundo, ve objetos. Ve obstáculos concretos que debe evitar, manipular o sortear si es necesario. Incluso percibe su propio cuerpo (y, por extensión, a sí mismo) como un objeto que debe ser manejado mecánicamente. Por eso han desarrollado diversos procesos mentales para intentar sobrellevar la fría vida mecánica que perciben.

En cambio, los alquimistas tienen la capacidad de interpretar el mundo de otra manera. Y de todas las perspectivas disponibles, hay una que se considera la más correcta: la Posición Cognitiva Energética.

Esto significa que, para un alquimista, la vida no tiene que girar en torno a los objetos. La vida y la realidad pueden ser percibidas como energía, y al hacerlo, se dan cuenta de que son las fluctuaciones y alteraciones energéticas las que definen cómo todos experimentamos la realidad. Además, como estas fluctuaciones y alteraciones energéticas ocurren de formas no sujetas a los modelos de causa y efecto aceptados por el mundo moderno, los alquimistas pueden experimentar el tiempo de maneras muy difíciles de conceptualizar para la persona promedio.

Las mentes humanas modernas tienen una gran predilección por las secuencias lineales. Yo diría que, debido a esto, existe un fuerte deseo, incluso en la mente de un alquimista, de intentar definir las maravillas que es capaz de percibir dentro de una estructura lógica, a veces tomando prestados los modelos científicos actuales de causa y efecto. Pero tales deseos de desarrollar una estructura lógica secuencial para definir lo desconocido son, en su mayoría, indulgencias innecesarias después de cierto grado de evolución energética.

Un alquimista ve el mundo como un mar agitado de energía. Lo percibe como un Gran Mar Oscuro, un profundo y turbulento desconocido energético que tanto seduce como aterroriza al alquimista. Desde esta perspectiva energética, los seres humanos son pequeñas burbujas de energía consciente, atrapadas entre las mareas de un Gran Desconocido Oscuro.

La perspectiva energética, la visión energética, que podría denominarse la Perspectiva Cognitiva fundamental anhelada y buscada por todos los alquimistas, no percibe objetos ni personas ahí fuera, solo fluctuaciones de energía vibrante. Estas fluctuaciones vibratorias a veces se separan en diferentes conglomerados energéticos que podrían considerarse como formas, pero tal agrupación de energía es solo un giro transitorio dentro de una marea infinita; y todo forma parte del Gran Mar Oscuro.

La vida, toda la vida en todos los mundos posibles, desde los organismos unicelulares más pequeños hasta la criatura más grande imaginable, son productos naturales creados por el Gran Mar Oscuro mientras se agita y retuerce en un movimiento sin fin. La vida consciente puede concebirse como burbujas de tamaño variable, creadas a lo largo y ancho de todo el mar, al igual que las burbujas que se forman naturalmente en nuestros propios océanos aquí en la Tierra. Nosotros, los humanos, somos simplemente burbujas, vida consciente que por un breve momento se conoce a sí misma como individuo. Y como todas las burbujas, nuestra existencia es efímera: estamos aquí en un instante y desaparecemos al siguiente.

Este movimiento dentro de las mareas, como una burbuja que se crea y luego se ve obligada a colapsar por una presión incesante, es lo que se conoce como una existencia o un Ciclo Vital. Pero incluso la existencia breve está llena de esperanza porque cada una de estas burbujas, o unidades de conciencia, tiene la posibilidad de cambio evolutivo y crecimiento.

Para el alquimista, el mundo no es un lugar rígido donde el único cambio posible se logra mediante manipulaciones mecanicistas físicamente intensivas. Al contrario, todo es energía fluctuante, y la capacidad de cambiar una cosa por otra implica procesos diferentes, no tan restrictivos ni limitantes. Estos procesos no requieren herramientas o mecánica per se, requieren el enfoque y la manipulación de la energía.

Para el alquimista, "todo" es energía; la única diferencia son las oscilaciones de esta energía, que pueden ser alteradas a través de la manipulación de la conciencia del alquimista. La manipulación de esta conciencia se hace posible mediante la adquisición y el despliegue correcto de la energía a través de la atención personal.

Para un alquimista, la energía lo es todo; es su forma de hacer las cosas y de ver el mundo.

Desde la perspectiva del alquimista, este mundo moderno que parece cambiar a un ritmo cada vez más rápido es un asunto completamente energético. Cuando observan la guerra moderna contra las libertades humanas y la individualidad, no ven memes o estructuras de creencias per se; ven energía fluctuante creada como resultado de fuerzas externas que buscan consumir a la humanidad.

Desde una Perspectiva Cognitiva racional, contemplar la posibilidad de que existan fuerzas externas, y aún más increíblemente vida extraterrestre, que estén manipulando a la humanidad para consumirla de la misma manera que nosotros consumimos ganado, parece totalmente irracional.

Pero desde el punto de vista de un alquimista, desde una perspectiva energética, ¡eso es exactamente lo que está sucediendo!

Una persona normal puede hablar de dogmas, ideologías políticas, escenarios de causa y efecto que se producen como resultado de guerras ideológicas entre personas. Puede hablar de estas cosas porque puede ver guerras físicas y la manipulación de la gente a través de diferentes tipos de medios coercitivos, o como resultado de la aplicación de leyes injustas. Algunos incluso podrían argumentar que el ser humano es defectuoso, que su mente o su alma están corrompidas, tal vez por algo a lo que podrían referirse como pecado original. Pero pocos están dispuestos a examinar a fondo esa alma oscura, y menos aún a contemplar la posibilidad de que toda la realidad externa sea la causa de un tipo de acción interna que no puede ser percibida por los sentidos físicos ni explicada por la ciencia racional.

A pesar de que está ocurriendo justo delante de todos nosotros, a la persona promedio le resulta muy difícil comprender cómo cosas etéreas como los pensamientos, las ideas y las estructuras de creencias podrían provocar un gran cambio. En el mejor de los casos, puede reconocer que estas cosas tan etéreas son importantes, pero para ella el catalizador fundamental de la realidad física es la acción física. Percibe esta acción física cuando presencia guerras, crímenes, protestas y el gobierno de dictadores o de aquellos a quienes vota para ocupar cargos políticos.

Como resultado de lo que los alquimistas han llegado a comprender que es una limitación impuesta a la conciencia humana, la gente no es capaz de percibir las acciones energéticas internas más sutiles que ahora les controlan, ni la intención extraterrestre que está detrás de esta manipulación del mundo humano.

Un alquimista, por otro lado, es capaz de afinar su percepción, y como resultado puede percibir claramente estas acciones internas y la intención alienígena que dan forma a la realidad humana. Esto es así porque para él o ella, estas cosas aparentemente etéreas no son suposiciones invisibles, sino realidades bastante tangibles que pueden identificar y manipular claramente.

Como resultado de esta mayor habilidad perceptiva, un alquimista no solo ve estas formas energéticas que llamamos pensamientos, ideas e intenciones mientras se agitan dentro del espacio que nos rodea, sino que también puede mirar más allá de ese espacio y descubrir cómo muchos de estos pensamientos, ideas e intenciones están siendo proyectados desde una mente distante que desea sustento.

Esto, por supuesto, no es solo el ámbito de un alquimista. Hay muchas personas que pueden percibir el poder del pensamiento, ¡e incluso hay quienes pueden percibir o deducir que de hecho existe una intención externa, una fuerza externa oscura, manipulando a toda la humanidad en este momento!

Pero, ¿por qué debería importarte el punto de vista energético del alquimista?

La visión energética importa no tanto porque revele algo nuevo, sino porque una Perspectiva Cognitiva tan robusta muestra a los alquimistas una forma de luchar contra las fuerzas externas negativas que ahora gobiernan este planeta.

De hecho, que este planeta esté bajo el control de fuerzas opresoras es algo que algunas personas conocen desde hace milenios, y hay algunos investigadores muy buenos que están compartiendo esta información ahora cada vez en mayor número.

Pero lo que estos investigadores no proporcionan en gran medida, creo yo, es una forma de anular estas fuerzas negativas externas; ¡una forma de luchar de verdad y superar este control oscuro!

Al leer la información disponible sobre este tema, me he dado cuenta de que hay muy pocos detalles sobre cómo enfrentarse y superar estas fuerzas opresoras. Ciertamente hay muy buena información sobre las particularidades de lo que se está haciendo a la humanidad, y como tal el buen consejo siempre se reduce a: date cuenta de lo que está pasando, y lucha contra ello no tomando parte en la corrupción. En otras palabras, despeja tu mente y trata de ignorarlo, y con suerte él te ignorará a ti.

Pero como muchos se han dado cuenta, no participar ya no es una opción, porque como señalé en el Capítulo 1, es imposible para una persona evitar un meme que se ha hecho lo suficientemente grande. Sencillamente, es imposible resistirse a estas fuerzas arconianas simplemente tratando de ignorarlas, o para el caso a través de cualquier tipo de acción física externa. La única manera posible de luchar y ganar esta guerra es a través del uso correcto y constante de la manipulación / acción interna.

Por lo tanto, este libro trata sobre todo de cómo luchar realmente contra esta fuerza malévola (desde una perspectiva humana), antes de que la "singularidad tecnológica" que se avecina haga imposible cualquier gran resistencia.

Para ello, me parece necesario revelar métodos alquímicos que hasta ahora han estado ocultos detrás de la jerga, la metáfora y la jerigonza. Considero necesaria la revelación de estas técnicas porque es la única manera de proporcionar un marco lógico para lo que está sucediendo, lo que es más probable que suceda si esta fuerza continúa sin oposición y, lo que es más importante, cómo tener éxito donde tantos otros están fracasando ahora:

Y eso es proporcionar una metodología estructurada y sistémica que pueda vencer a las fuerzas arcónticas que actualmente están consumiendo a la raza humana.

Con estas técnicas alquímicas a tu disposición, espero que no solo seas capaz de tener una vida más feliz y plena, sino que también expandas tu libertad como individuo y tus posibilidades como ser humano. Desde una perspectiva más amplia, espero que el uso de estas técnicas ayude, en la medida de lo posible, a empezar a cambiar la marea contra el Gran Arconte y a traer una nueva era en el desarrollo humano.

De hecho, estas técnicas y la información proporcionada deberían permitirte hacer lo que muchos hablan de querer hacer, o afirman hacer, pero para lo que no parecen tener un esquema coherente y estructurado, lo que hace que lograrlo sea muy difícil.

Pero, ¿por qué Alquimia?

¿Qué tiene de especial este intento de química supuestamente imperfecto?

La Alquimia es el cuerpo de conocimiento más incomprendido que existe, y la razón de esto, está directamente relacionada con la mente razonadora que ahora gobierna la percepción humana. La alquimia es el principio y el fin (el Alfa y el Omega) de todo el conocimiento oculto, y representa, en mi opinión, la mejor (y quizás la única) manera tanto de alcanzar el poder como de escapar de las fuerzas depredadoras que ahora se alzan sobre la humanidad. Puede mostrarte cómo recuperar el poder que te está siendo succionado cada segundo de cada día, y cómo usar ese poder para mejorar tu mundo y escapar del encarcelamiento.

Para dar coherencia a esta metodología, he empezado proporcionando una visión racionalista de nuestros tiempos y he introducido la idea de que ésta no es más que una Postura Cognitiva basada en un tipo de lógica, a la que me refiero como una lógica mecanicista de causa y efecto.

Ahora puedo desarrollar el hecho de que, de hecho, hay muchos tipos diferentes de lógica; la única diferencia entre ellos es cómo definen la causalidad. En contra de lo que algunos podrían creer, la ciencia moderna sabe que esto es así y practica abiertamente diferentes tipos de lógica dependiendo de la rama concreta de la ciencia que se esté estudiando. Los buenos científicos también saben muy bien que el uso de diferentes tipos de lógica cambia los tipos de percepción posibles y desvela mundos completamente nuevos que funcionan mediante el uso de leyes completamente diferentes a las que estamos acostumbrados en nuestra visión mundana del mundo.

Quizá el mejor ejemplo de una lógica aceptada pero totalmente divergente pueda verse en la física y la informática modernas.

La mayor parte de la física y de la informática se basa en un tipo de lógica denominada mecánica o newtoniana. Esta lógica define el mundo a través de lo que a nosotros podría parecernos una perspectiva sensata y de sentido común, porque esta lógica parece estar casi programada en el cerebro humano. Esta lógica se basa en un paradigma de polaridad en el que las cosas se definen como una cosa o como otra dentro de una dualidad:

Sí/No

Arriba/Abajo

Negro/Blanco

Verdadero/Falso

On/Off

Y En El Mundo Informático Normal 0/1

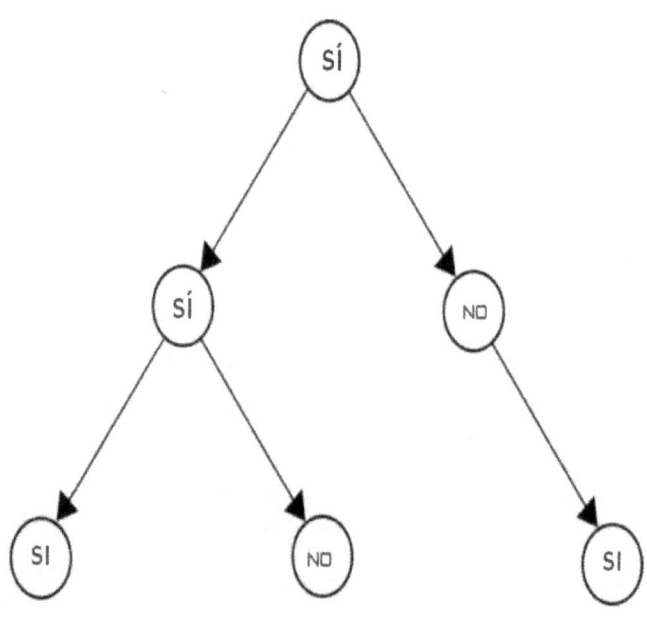

Esta lógica es de sentido común; hace comprensible lo complejo y parece completa y coherente para la mente humana. Con ella hemos hecho descubrimientos asombrosos y creado máquinas asombrosas, como el ordenador, que nos permiten ampliar el poder de esta lógica para calcular y realizar tareas que serían imposibles para la mente humana por sí sola.

Los ordenadores normales, como el que tienes en casa, utilizan pequeños interruptores de encendido y apagado (llamados transistores) dentro de un circuito integrado que permite a estos transistores realizar operaciones lógicas automáticamente. De este modo son capaces de utilizar las leyes de la lógica mecánica para resolver problemas realmente difíciles.

Pero esta interpretación causal, aunque es una lógica poderosísima, no puede ayudarnos a entender o calcular algunas partes del mundo utilizando esta estructura de circuito. No puede ayudarnos a dar sentido a lo infinitamente pequeño o a lo infinitamente grande, por ejemplo, que ahora son cada vez más relevantes en el desarrollo tecnológico humano.

En consecuencia, los científicos han estado trabajando en un tipo diferente de lógica que denominan Lógica Cuántica o Mecánica Cuántica.

La lógica cuántica es un modelo de causa y efecto muy potente y complejo que puede utilizarse para explicar cosas que a la mente humana le parecen casi mágicas.

A diferencia de la lógica y la ciencia computacional habituales, que se basan en la polaridad (0/1), el modelo cuántico se basa en una ley distributiva que abarca múltiples probabilidades universales.

Esto parece una locura y lo parece aún más cuando te das cuenta de que los ordenadores cuánticos son literalmente cubos sellados como salidos de una película de terror, que están literalmente accediendo a múltiples universos para obtener respuestas a preguntas que son imposibles de acceder y descifrar de cualquier otra manera.

Para entenderlo mejor, piensa en un ordenador cuántico como un ordenador formado por todas estas diminutas cajas selladas (que son, de hecho, un nuevo tipo de transistor), y dentro de cada una de estas cajas hay un pobre gato que pertenece a un científico llamado Schrödinger [4]. Cada uno de estos gatos en cada una de estas cajas, debido a un temporizador aleatorio que controla la liberación de gas venenoso colocado dentro de las cajas, puede estar vivo o muerto dependiendo del momento en que se abra la caja.

---

[4] Erwin Schrödinger (1887-1961) - Físico austriaco y uno de los fundadores de la mecánica cuántica. Schrödinger es mejor conocido por su ecuación de onda, que describe cómo cambian los estados cuánticos de un sistema físico con el tiempo. Esta ecuación, fundamental en la física cuántica, le valió el Premio Nobel de Física en 1933, compartido con Paul Dirac. También es famoso por el experimento mental del "gato de Schrödinger", que ilustra la superposición cuántica y la interpretación de la mecánica cuántica. Su trabajo ha tenido un profundo impacto en la física, la química cuántica y los campos relacionados, dejando un legado duradero en la comprensión de los fenómenos cuánticos.

Esto significa que, utilizando las matemáticas, hay un momento concreto en el que este pequeño gato en esta pequeña caja está vivo y muerto al mismo tiempo. Y el acto de abrir la caja y mirar si el gato está vivo o muerto colapsa una visión del mundo, ya que descubres si el gato está ahora, en ese momento en que miras dentro, vivo o muerto. Así que el acto de presenciarlo, de prestarle atención, crea un mundo probable y colapsa otros.

A diferencia de un ordenador normal, que funciona asignando sí o no (0 o 1), los ordenadores cuánticos funcionan jugando con probabilidades completas de otros mundos. Lo que se quiere decir con esto es que no sólo trabajan con probabilidades como las que podríamos entender cuando tiramos los dados, por ejemplo. En realidad, funcionan aprovechando realidades de otro mundo que están mucho más allá de lo que podríamos calcular utilizando cualquier fórmula de probabilidad. Emplean una lógica que utiliza múltiples universos para determinar si algo es verdadero, falso o verdadero y falso al mismo tiempo. Esto permite a estos ordenadores abordar problemas masivos, ya que son capaces de acceder a líneas temporales de causalidad de otros mundos enteros.

Además, estos cálculos no pueden ser presenciados mientras son realizados por el ordenador porque el acto de mirarlos, de percibir estos cálculos por un testigo humano, colapsa el mundo probable en el que estos cálculos están teniendo lugar. Si miras dentro de la caja, condenas al gato a estar vivo o muerto y, por tanto, limitas los cálculos posibles por el ordenador. En un sentido muy real, este tipo de ordenador parece una especie de oráculo mágico que, literalmente, ¡busca respuestas en otras dimensiones de la existencia!

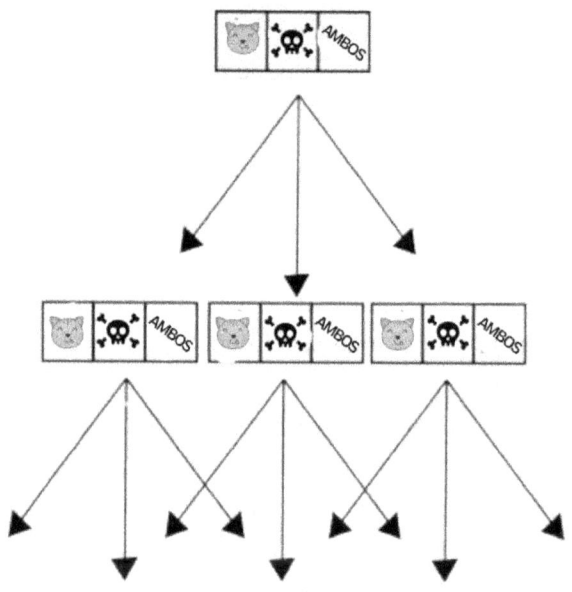

Si todavía te cuesta entender todo esto, ten en cuenta que incluso las mejores mentes científicas del momento siguen lidiando con las perplejidades de la Lógica Mecánica Cuántica y los usos de un Ordenador Cuántico.

Esta pequeña incursión en la Lógica Cuántica no es en absoluto algo que necesites entender para aplicar lo que describo. Lo presento aquí con el fin de exponerte a una lógica completamente nueva y a una visión del mundo completamente nueva que está siendo utilizada ahora mismo por científicos establecidos en un campo establecido, para que puedas tener una idea de cuán legítima y abarcadora puede ser una visión lógica diferente.

Una nueva visión lógica puede alterar por completo la forma en que una persona percibe la realidad y, como resultado, proporciona un conjunto totalmente diferente de posibilidades (o herramientas) que se pueden utilizar para cambiar la forma de la realidad.

La aplicación de la Lógica Cuántica a la vida humana cotidiana está abriendo literalmente la puerta a una nueva posición cognitiva, a una nueva realidad, y cambiará la forma en que los humanos ven este mundo y actúan sobre él.

La visión energética es también un tipo diferente de lógica, y proporciona un conjunto diferente de leyes de causa y efecto. Pero a diferencia de la lógica cuántica, que requiere herramientas complejas para ser utilizada eficazmente, la Lógica de la Visión Energética puede ser utilizada por un ser humano solitario sin ningún artilugio físico. Lo único que se requiere es el entrenamiento y la modulación de la conciencia.

Para desarrollar la capacidad de modular tu conciencia de modo que puedas comenzar a extender el poder de tu Voluntad, de tu Intención, es necesario que explique la Trinidad Alquímica y cómo ésta se relaciona con el poder inherente dentro de cada uno de nosotros.

Capítulo 3. - Trinidad

Cuando te miras en el espejo, tiendes a percibir un objeto. La mayoría de nosotros le profesamos un gran afecto a este objeto y aprendimos hace tiempo que este ente en particular somos nosotros mismos.

Sin embargo, la Posición Energética Cognitiva no ve un objeto, sino un cúmulo de energía consciente en contacto directo con toda la energía circundante; ve una burbuja infinitamente pequeña flotando dentro de un mar infinitamente vasto de energía.

Como solemos ver sólo materia densa y aparentemente estable al mirarnos, no nos percatamos de que fundamentalmente somos seres energéticos en un estado constante de intercambio con el mundo que nos rodea. Todas estas interacciones con este Mar Energético en el que residimos, donde fluyen la vida y la muerte, pueden denominarse Ciclo Vital.

Los alquimistas están sumamente interesados en las fluctuaciones que componen el Ciclo Vital humano porque la energía lo es todo para ellos. Por eso, han consagrado su existencia a estudiar cómo la cantidad de energía disponible para una persona la transforma, cómo se producen las fluctuaciones energéticas y qué implican para un ser humano.

Tales complejidades requerirían bibliotecas enteras para abarcarlas todas, pero afortunadamente no es necesario conocerlas con gran detalle. Lo que hay que comprender es que:

La energía es todo lo trascendental para los Alquimistas.

Las fluctuaciones en el flujo de la energía son la consecuencia natural de la existencia, son la existencia misma, y su causa puede atribuirse a dos fuentes principales que comentaré en breve.

Pero primero, debemos examinar por qué la energía es tan crucial, específicamente por qué adquirir energía extra es tan profundamente relevante para un Alquimista.

De hecho, la adquisición y el almacenamiento de energía es lo más importante del mundo para un Alquimista, y se podría afirmar con razón que una persona no puede convertirse en Alquimista a menos que haya logrado adquirir y almacenar suficiente energía extra.

Esta energía extra es muy importante porque actúa como una especie de propulsor evolutivo; es literalmente un agente transmutativo. Este agente transmutativo ayuda a un Alquimista de dos maneras básicas:

Lo más importante que proporciona esta energía extra es el poder de concentración. Podría decirse que todo en la vida de un ser humano está directamente relacionado con su poder de enfocar y mantener la atención conscientemente dirigida.

El enfoque es el poder que permite dirigir la mente en una dirección durante periodos prolongados. Esta capacidad de enfocar la mente completamente es lo que permite a un Alquimista cambiar su Posición Cognitiva y mantener ese cambio el tiempo necesario.

Al cambiar su Posición Cognitiva, un Alquimista puede percibir la realidad de una manera completamente diferente, o se podría decir que puede ser parte de otras realidades del mundo. Así que, esencialmente, pueden cambiar su realidad modificando su punto de atención utilizando un foco increíblemente poderoso que han adquirido como resultado de su habilidad para obtener, ingerir, recoger y almacenar energía.

La segunda cosa que esta energía extra proporciona es un empuje extra, o quizás sea mejor decir una intensidad extra, a los pensamientos que un Alquimista puede generar.

Si bien es cierto que el foco de atención puede aumentar la intensidad de los pensamientos a través del tiempo, la capacidad de tener y proyectar energía extra dentro del cuerpo es un aspecto fundamental del trabajo alquímico, y es el principio básico de la transmutación. Cuando hablo de transmutación, me refiero a la capacidad de llevar la experiencia subjetiva a la realidad objetiva; la capacidad de cambiar el estado vibratorio de las cosas.

Por lo tanto, la energía extra es la única razón por la que algunas personas tienen éxito a la hora de manifestar pensamientos en la realidad física, y otras no. La energía extra es el catalizador subyacente de la transmutación alquímica.

La adquisición y conservación de energía es muy importante porque permite a un Alquimista ser capaz de cambiar la realidad externa a través de la Manipulación Interna. Sin esta energía extra, se hace imposible mantener la verdadera autoconciencia, porque el verdadero yo es fácilmente ahogado bajo las muchas olas que golpean contra él mientras hace su camino a través del Mar Oscuro.

Estas olas que golpean contra el yo son experimentadas de diferentes maneras por cada persona. Para aquellos muy sensibles psíquicamente, estas olas pueden sentirse como "el empuje del mundo" en forma de fuertes pensamientos, emociones, opiniones y deseos. Sin embargo, para la mayor parte de la humanidad, estas ondas son las interminables batallas meméticas que libramos unos contra otros desde que nacemos hasta que morimos, y también los obstáculos físicos de la vida a los que todos nos enfrentamos, como desastres naturales, depredadores, enfermedades, mal tráfico, mala gente, la Ley de Murphy, etc.

En otras palabras, si quieres llegar a ser tú mismo y liberarte de la influencia masiva de todo lo que te rodea, necesitas tener suficiente energía para dirigir tu propio rumbo.

Ahora que sabemos un poco por qué la energía es tan importante para un Alquimista, y para cualquier persona interesada en vivir una vida fuerte y libre, debemos analizar cuáles son las dos causas principales de las fluctuaciones energéticas.

Conocer lo que causa estas fluctuaciones es muy importante porque son estas Fuerzas Externas las que impiden o facilitan la adquisición y el almacenamiento energético; estas son las fuerzas evolutivas con las que todos los Alquimistas y toda la humanidad tienen que lidiar.

Las dos fuentes principales de fluctuaciones energéticas son:

1. Fuerzas Externas, o Intención Externa:

Estos tipos de fluctuación podrían considerarse movimientos "naturales" en el sentido de que son experimentados por toda existencia dentro de nuestra pequeña sección del Mar Oscuro. Como nuestros grandes océanos aquí en la Tierra, el mar energético (el Mar Oscuro) se mueve, se agita y se arremolina como cualquier gran océano. Las tormentas y tsunamis que pueden ocurrir en un extremo de ese mar infinito afectan al otro, y en general hay una marea constante que mueve todas las estructuras energéticas de flujo libre hacia arriba, hacia abajo y alrededor.

Dentro del Mar Oscuro también hay corrientes que podrían parecer bastante "antinaturales" desde nuestra perspectiva humana. Estas corrientes son creadas por seres vivos muy poderosos (vida alienígena megalítica, desde la perspectiva humana) que afectan a grandes porciones del Mar Oscuro. La raza humana está en este momento siendo golpeada por las corrientes de tal forma de vida. Esta poderosa vida alienígena crea corrientes dentro del Mar Oscuro a través de la pura fuerza de su Voluntad/Intención. Estas olas se estrellan contra la raza humana y cambian a la humanidad de adentro hacia afuera.

Resistir esta Corriente Extraterrestre es de gran importancia para los Alquimistas y debería serlo para todos los seres humanos, porque esta fuerza Extraterrestre es una fuerza depredadora que roba energía a la humanidad. Para aquellos que no son conscientes de la existencia de esta titánica forma de vida, y para aquellos que no han desarrollado su Voluntad personal de ninguna manera, la vida es realmente como la vida de una pequeña burbuja dentro de un tempestuoso Mar Oscuro.

2. Intención Interna, o Fuerza de Voluntad:

Es el movimiento energético provocado por el ser humano individual. Cada ser humano, cada burbuja consciente que se abre camino a través del Mar Oscuro, crea corrientes energéticas en su interior y a su alrededor a medida que cambia el foco de su atención.

Estos movimientos individuales de energía siempre comienzan en el interior y se mueven hacia el exterior. Cuando estos movimientos energéticos están dentro del cuerpo energético de la persona individual, a lo que la persona promedio podría referirse como una experiencia subjetiva, esta fuerza se conoce como Fuerza de Voluntad.

Cuando estos movimientos son capaces de moverse fuera del cuerpo del individuo y comienzan realmente a crear una corriente en el Mar Oscuro mismo, esta fuerza es referida como Intención. Es la Intención, que es creada por la Fuerza de Voluntad a través de la manipulación de la atención, lo que cambia la realidad.

Para la mayoría de la gente, la Fuerza de Voluntad y la Intención son movimientos muy menores de energía, lo que significa que las corrientes energéticas que la persona promedio crea como ser individual es una fuerza apenas perceptible. Como resultado, el individuo medio no es más que una forma sin timón que está siendo arrastrada de un lado a otro por fuerzas invisibles e insospechadas que están a cargo casi por completo de su destino.

Por otro lado, algunas personas han logrado (mediante la iluminación y el trabajo duro, o a través del talento natural) aprender a aumentar y controlar el foco de su conciencia. En ocasiones, estas personas pueden ejercer un gran movimiento energético en sí mismas y a su alrededor. A menudo se hace referencia a estas personas como grandes líderes, místicos, psíquicos o trabajadores milagrosos.

Un alquimista se esfuerza mucho por ser uno de esos raros seres humanos que pueden crear una gran cantidad de corriente dentro del Mar Oscuro. Se esfuerzan por ser una de estas raras personas no porque quieran gobernar a otros o porque quieran realizar grandes milagros; se esfuerzan porque quieren superar toda Intención Externa y liberarse de las fuerzas que les robarían su poder y limitarían sus posibilidades.

En este libro, me he propuesto enseñarte los fundamentos de la Alquimia para que tú también puedas desarrollar tu propia Fuerza de Voluntad e Intención. De esta manera, serás capaz de luchar contra un mundo humano y una Intención Extraterrestre empeñada en subyugarte. Aquí me esfuerzo por enseñarte cómo desarrollar tu propia y poderosa Fuerza de Voluntad de la misma manera que lo hacen los Alquimistas, para que puedas vencer a la Intención Externa a través del dominio de la Manipulación Interna.

A través de la Manipulación Interna serás capaz de Transmutar cosas y eventos malos en cosas buenas y eventos favorables. Podrás vivir una vida más fuerte y enérgica, y desarrollarás el poder de doblegar la Fuerza de Voluntad de los demás, para hacerles cambiar de opinión, cuando no haya otra forma de escapar a los ataques meméticos negativos.

Los alquimistas, después de mucho estudio, llegaron a la conclusión de que todas esas fluctuaciones de energía, tanto internas como externas, eran muy importantes. Pero llegaron además a la conclusión de que la capacidad de controlar y manipular la Fuerza de Voluntad es el logro más importante que cualquier ser humano individual puede emprender.

Se trataba de una conclusión muy práctica, basada en la creencia de que ninguna partícula diminuta de un ser humano podría aspirar a controlar la Voluntad externa del Gran Mar Oscuro, pero un individuo sí podría esforzarse por controlar su propia Voluntad y quizá incluso una pizca del Mar Oscuro en su proximidad, lo cual es posible mediante el refinamiento de la Voluntad personal en Intención.

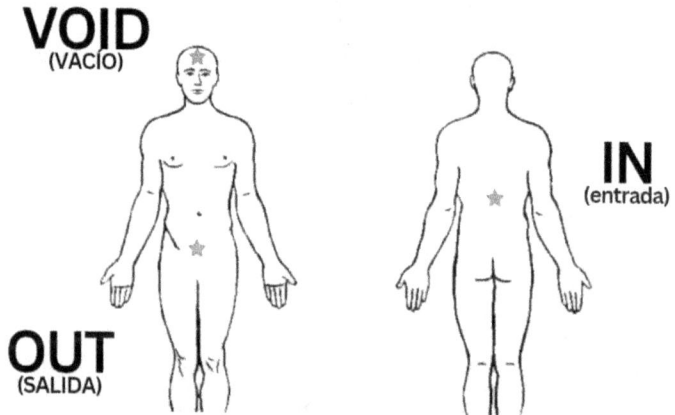

Como tal, comenzaron un estudio metódico de cómo funcionan la Voluntad Interna y la Intención y cómo aumentar este poder.

A través de un esfuerzo riguroso, fueron capaces de clasificar tres polaridades energéticas principales, que explicaban cómo un ser humano movía la energía y ejercía su Voluntad tanto dentro como fuera de sí mismo.

Descubrieron que una persona fluctuaba entre estas tres polaridades energéticas principales constantemente, y este movimiento parecía ser un proceso natural que era un aspecto necesario de estar vivo, de ser consciente.

Aunque he llamado a esta TRIADA "Entrada" (IN), "Salida" (OUT) y "Neutro/Vacío" (VOID) en el diagrama por simplicidad, hay que señalar que estas polaridades son difíciles de definir porque son aspectos muy mal entendidos del Ciclo Vital que han adoptado muchos nombres y connotaciones míticas. Toda esta nomenclatura y errónea alegoría mítica han hecho que esta "Trinidad" sea muy difícil de entender.

Otros nombres para la Santísima Trinidad incluyen:

- Luz, energía, masa

- Padre, Hijo, Espíritu Santo

- Pureza, actividad, inercia

- Espíritu propio, expresión externa, cuerpo más denso

- Espíritu, mente, cuerpo

- Positivo, negativo, neutro o vacío.

- etc.

Todos estos nombres diferentes son ejemplos de que el hombre intenta definir y explicar algo que es muy difícil de explicar con palabras. Esta pérdida de perspectiva, provocada como resultado de una Posición Cognitiva restrictiva, es un tema que ocurre una y otra vez en el mundo Alquímico; una verdad energética se convierte en una descripción indescifrable con poco valor práctico gracias a la metáfora interminable que requiere la mente racional.

Toda esta nomenclatura y los interminables constituyentes míticos que se adjuntan a estos componentes nombrados de un movimiento/forma energética simple y natural, nublan la verdadera comprensión. Sencillamente, la TRIADA es una fluctuación/forma energética natural que es ante todo una Acción Interna, y luego un fenómeno físicamente observable en el mundo objetivo. Por ejemplo, una forma mucho mejor de definir la tríada en términos objetivos es:

Inhalación - Exhalación - Entre respiración

A partir de estas tres, se construye el gran firmamento de la existencia, un ciclo de respiración cada vez.

La respiración lo es todo; detener el ciclo respiratorio, el ciclo energético natural de la vida, es morir y devolver tanto la forma como la consciencia al flujo infinito del Mar Oscuro.

Es en este punto donde me parece prudente introducir el concepto de "Vendehumo":

"Vendehumo", es una palabra que los verdaderos Alquimistas usan para describir a aquellos que intentan practicar la Alquimia aunque no tengan un entendimiento real de lo que realmente es. Un Vendehumo es una persona que solo conoce la Manipulación Externa y por lo tanto, trata de usar disciplinas externas como la química o la metalurgia para crear algo que no tiene forma como ellos podrían entender ese término.

Ya que los "Vendehumos" no entienden la Manipulación Interna, siempre están ocupados en un extraño trabajo de laboratorio en el que pasan la mayor parte del tiempo delante de un gran horno, "soplando" aire en su interior para conseguir la temperatura adecuada que supuestamente necesitan para crear "químicamente" una Piedra Filosofal que, por supuesto, creen que es una piedra real.

Sin embargo, a los verdaderos alquimistas sólo les interesa la manipulación interna, por lo que saben que el único horno real es el que llevan dentro. Y la Piedra Filosofal no es una piedra real; es un paquete energético que ha sido destilado a través de la manipulación de la conciencia y la intención.

Es muy importante que entiendas lo que significa "Vendehumo", y cómo es que la mentalidad Vendehumo ha creado objetos y complejidad donde en realidad sólo existe la ley natural.

Estos conceptos erróneos a menudo no son intentos de engaño, sino que son el resultado de mantener a la humanidad en una Posición Cognitiva muy limitada; en un túnel de realidad muy limitado que hace que la gente piense que la vida es sólo de una cierta manera.

Para manipular su mundo, el hombre medio, creyendo que es un objeto rodeado de otros objetos, practica la ciencia y un tipo de lógica limitada, que se basa únicamente en una interpretación mecánica de la realidad. Esta interpretación de la realidad postula que somos máquinas de carne, rodeados de cosas duras no sensibles, y que sólo a través de la razón podemos funcionar eficazmente en el mundo. La vida para el hombre medio es fría, predecible y llena de límites.

Además, afirmé que los alquimistas, por otro lado, creen que el mundo es en realidad un gigantesco mar de energía, y que las personas son infinitamente pequeños paquetes de energía autoconscientes dentro de este gran mar. Puesto que todos somos energía, rodeados de energía, la única diferencia real entre una cosa y otra es la modulación de la energía. Por lo tanto, los seres humanos, como haces de energía autoconscientes, tienen la capacidad de afectar a la energía dentro de sí mismos y a su alrededor a través de esa modulación de su energía/conciencia personal. Los alquimistas aceptan como un hecho energético que la única diferencia real entre un ser humano y otro es su capacidad para conservar y modular su propia energía; cuanta más energía tiene una persona, más puede hacer. La interpretación alquimista de la realidad postula que los seres humanos, y los objetos aparentemente duros que les rodean, son mucho más maleables de lo que parece. Para un alquimista, los seres humanos son seres increíblemente misteriosos capaces de cosas extraordinarias, y el mundo es un misterioso suceso aterrador que está literalmente más allá de las palabras.

Como resultado de este "atontamiento" de la conciencia humana, todas las verdades energéticas han sido malinterpretadas por la gente a lo largo de nuestra historia conocida. El conocimiento de estas verdades energéticas ha sido alterado tan profundamente por la humanidad, que en su mayor parte esta información ya no es utilizable como metodología alquímica.

Un Vendehumo, por ejemplo, cree que la Alquimia es química y que se necesita un caldero real para crear la legendaria Piedra Filosofal. Sin embargo, para los verdaderos alquimistas, el verdadero caldero es el cuerpo humano, el conglomerado energético de la conciencia que la mayoría de la gente sólo puede percibir como su ser físico.

La verdadera Piedra Filosofal es una bola energética compuesta tanto de energía externa acumulada como de energía interna que se refina dentro del caldero humano. Esta piedra se utiliza como una llave para abrir mundos completamente nuevos, mundos que el alquimista puede percibir e interactuar con ellos.

Imagina entonces la falacia que es el estudio de la alquimia moderna por aquellos que los verdaderos Alquimistas llaman Vendehumos. Para un verdadero Alquimista estas personas parecen tristemente locas, perdidas en un mundo donde sólo la Manipulación Externa parece posible.

La TRIADA o la Santa Trinidad Alquímica, es otra de esas verdades energéticas que ha sido alterada por personas como los Vendehumos, ya sea que estas personas practiquen algún tipo de alquimia o no. Las percepciones limitadas no pueden concebir el poder sin sustancia mensurable que afecta al hombre de maneras que están más allá de la razón. Como tal, la razón lucha y amenaza, e inventa sus propias reglas y diseños que convierten lo no mensurable en cosas que luego pueden ser gobernadas (piensa en esa palabra "gobernar" con mucho cuidado, puede significar ese acto de medir y el acto de señorear).

No es mi deseo perderme en dogmas y nomenclaturas, porque todas esas acciones contribuyen al mayor desarrollo y refinamiento de las prisiones objetivas. La nomenclatura y el deseo de medir estas fuerzas utilizando reglas que la mente razonable ha creado, con el fin de objetivar la infinidad que nos rodea, sólo creará barreras y jaulas que limitan las posibilidades del hombre bestia mágica.

Contemplemos entonces la Santísima Trinidad Alquímica utilizando los términos más simplistas posibles. Espero que utilizando estos sencillos términos y mecanismos, puedas ver la correlación directa entre lo Interno (que es simplemente el movimiento natural de un tipo de energía actualmente sin medida) y lo Externo tal y como lo percibe la humanidad (que es el acto físico de respirar, por ejemplo). Así, desde nuestra percepción humana externa, podemos ver y referirnos a este acto energético como:

Cada una de estas polaridades energéticas dentro del cuerpo humano es causada por una transferencia directa de energía, a medida que fluye hacia dentro y hacia fuera, y a medida que repone la composición energética del cuerpo. Desde un punto de vista completamente objetivo (es decir, racional), este movimiento físico representa la entrada de oxígeno, la distribución de oxígeno por todo el cuerpo y la expulsión de oxígeno y otros subproductos. Si dejamos de respirar, morimos; si morimos, dejamos de respirar.

Desde una perspectiva energética, esta Tríada de acción no es vista como la ingesta de pequeños objetos llamados oxígeno, que pueden ser medidos e identificados como tales. Desde una perspectiva energética, la acción física que acabamos de describir esconde (o sería mejor decir enmascara) una acción interna, un movimiento energético que no puede ser visto claramente usando nuestros sentidos humanos cuando estos sentidos están siendo usados de la manera que llamamos "normal".

Desde un punto de vista energético, lo que ocurre es que hay un flujo sutil de energía que entra en la burbuja de conciencia, la rellena y refuerza su conexión con el Mar Oscuro, y luego la expulsa de forma ligeramente destilada. También podría decirse que la respiración es el Mar Oscuro fluyendo a través de la burbuja de conciencia.

La similitud entre lo que yo llamo la perspectiva energética y la perspectiva objetiva puede parecer casi idéntica cuando intento describir el ciclo de la respiración, pero tales similitudes son sólo el resultado de que me veo obstaculizado por el uso de un lenguaje que fue creado únicamente para interactuar con objetos físicos. Nuestras lenguas son creaciones asombrosas que hacen que la vida dentro de la comunidad humana no sólo sea tolerable, sino también bastante placentera. Desgraciadamente, estas lenguas adolecen de muchas limitaciones y, por lo tanto, les imploro que siempre tengan cuidado con la forma en que interpretan lo que intento revelarles, porque nuestra lengua naturalmente les hará ver objetos sólidos y acontecimientos lineales aunque tales objetos y acontecimientos sean literalmente una ilusión.

Como ejemplo de los límites de la visión objetiva y del lenguaje, podemos contemplar a aquellas personas que existen ahora en el mundo y que pueden hacer algunas cosas asombrosas, aparentemente sólo con el poder de la respiración. En Oriente se cuentan historias de yoguis y otros místicos, algunos de los cuales han sido observados detenidamente por los científicos. Algunos de estos místicos parecen no necesitar comida ni agua para vivir, y hay otros, por ejemplo, que pueden generar calor corporal de modo que no necesitan ropa ni siquiera en las temperaturas más rigurosas.

Nuestros limitados sentidos nos dicen, y nuestro lenguaje describe, que los pulmones son ciertos objetos definidos como órganos corporales, y el oxígeno es cierto objeto que respiramos y que está sujeto a leyes claramente descritas en la tabla periódica de los elementos.

Pero esta descripción, por sorprendente que sea, crea una jaula que dice: "no hay forma de que una persona pueda crear comida o calor a partir de oxígeno y pulmones". Se hacen postulaciones sobre cómo podría haber otro objeto dentro del oxígeno que quizás no hayamos clasificado todavía y que pueda explicar cómo estas personas están haciendo comida, líquido y calor de la nada. También hay teorías sobre cómo quizá ciertos órganos humanos puedan entrenarse para hacer cosas que aún no se ha descubierto que sean posibles. Pero, por lo general, cualquier postulación de este tipo conduce a muy poco porque la jaula creada por el lenguaje y la racionalidad impiden que la gente busque más allá, profundice. La locura es lo único que la mente racional puede aceptar como posibilidad, cuando contempla la probabilidad de que los pulmones y el oxígeno por sí solos puedan crear alimento y calor.

Todas estas especulaciones son, por supuesto, el resultado de no ser capaces de ver a la humanidad y al mundo que nos rodea como lo que realmente es: energía. Si estos místicos superdotados siguen apareciendo y se estudian más, podría ocurrir que la ciencia clasificara alguna sustancia nueva o descubriera que el páncreas puede restaurar los fluidos corporales, pero en realidad toda esta reivindicación teórica será una prueba real de la capacidad de la humanidad para manifestar nuevas probabilidades dentro de una visión racional del mundo, y no que la objetivación del mundo sea de alguna manera la mejor forma de percibir, clasificar y concebir la realidad.

Pero la mayoría racionalista no debería preocuparse por estas cosas. Puesto que la clasificación del mundo objetivo es ahora supuestamente bastante completa (es decir, la ciencia no cree que quede mucho por descubrir en esta Tierra). La mente humana, dentro de los límites de su postura racional, dará por sentado que todos esos milagros aparentes son el resultado de un engaño, porque ninguna persona cuerda (es decir, racional) podría creer que hay quien ya no tiene que comer. Dios sabe que usar la fuerza vital para curar a otros, crear calor, crear formas de pensamiento, manifestar objetos, etc. son todos delirios de personas que no tienen la capacidad de saber cómo funciona realmente el mundo.

Esta es la maldición de Vendehumo, la maldición de la perspectiva racionalista. Esta perspectiva ayudó a crear la química y también ayudó a establecer parte de la metodología que se utilizaría en otras ciencias. Estoy seguro de que yo, y muchos de ustedes, estamos muy agradecidos por el sinfín de cosas que la ciencia ha proporcionado a la humanidad, pero al mismo tiempo que ha ayudado a la humanidad y ha cambiado la faz de este planeta, también ha contribuido a limitar nuestro potencial y nos ha quitado gran parte de la magia que ahora necesitamos tan desesperadamente para salir de nuestra situación actual.

Capítulo 4. Polaridad

Ya he compartido contigo diversos términos, nomenclaturas y metodologías que los alquimistas utilizan para clasificar y trabajar con la energía. Sin embargo, es importante tener en cuenta que tales clasificaciones pueden resultar engañosas, ya que refuerzan una visión que categoriza el mundo como un lugar rígido y lleno de objetos. Además, esta perspectiva objetiva puede dificultar la aplicación de estos principios energéticos, debido a que nuestro lenguaje, aunque hábil para objetivar, es deficiente al describir la acción subjetiva.

Lamentablemente, no hay forma de evitar este problema lingüístico, ya que no existe otra manera de transmitirte esta información. Si consideras que estamos tratando con energía, en lugar de objetos, y que estas "formas" energéticas no están limitadas por el espacio y el tiempo tal como los entendemos, tu comprensión y capacidad para utilizar estas técnicas no se verán tan obstaculizadas por mis palabras.

Dicho esto, continuemos con nuestro estudio de la Santísima Trinidad según la tradición alquímica.

En cuanto a la Santísima Trinidad de la Alquimia, el aspecto más importante dentro de su aplicación práctica es la necesidad de dominar los principios de equilibrio. Como en cualquier otro aspecto de nuestras vidas, si las cosas se mantienen en equilibrio, se logra la estabilidad. Esta estabilidad implica un flujo de energía menos aleatorio y caótico: nada es más importante que otra cosa, por lo que todo fluye de manera ordenada e impecable.

Si se produce un desequilibrio, surgirán fuerzas que lo corregirán de forma natural, pero a veces de manera bastante brutal. Esto significa que el desequilibrio destruye la impecabilidad ordenada y la anarquía resultante actúa como una fuerza equilibradora, a menudo dolorosa, que eventualmente restablecerá el orden en cualquier sistema energético.

Un alquimista busca el equilibrio como el estado de ser más armonioso y deseado. Pero a veces también busca el desequilibrio, ya que, como manipulador de la energía, el desequilibrio es la forma más natural de lograr una acción energética fuerte.

Esto implica que ninguna polaridad específica dentro de la Santísima Trinidad es más importante que las demás. Sin embargo, en cada momento (ya sea medido en segundos o eones), una polaridad concreta de la Trinidad puede desempeñar un papel más relevante que las otras. Simplemente, hay un tiempo para inspirar (lo que significa que hay un momento en el que es más importante atraer energía), hay un tiempo para espirar (lo que implica que también hay un momento para expulsar energía o extender la propia voluntad), y hay un tiempo para permanecer quieto en la neutralidad o vacío (lo que significa que hay un momento para la absolución del tiempo, a través de la completa cancelación del pensamiento y del flujo de energía).

Cuando se enseñaba la Santísima Trinidad a un novato en el arte de la Alquimia, siempre se consideraba mejor comenzar con la polaridad neutra, de vacío, porque era la que revelaba más claramente la naturaleza ilusoria y altamente distorsionada de este mundo, tal como lo percibe la persona promedio.

Así que en lugar de aprender cómo extender la propia voluntad o atraer energía, a un estudiante de Alquimia se le enseñaba normalmente el camino energético aprendiendo primero cómo alcanzar la estasis energética. Esta estasis implicaba la quietud completa del pensamiento, o en otras palabras, la detención total de cualquier movimiento energético dentro del cuerpo, dentro del conglomerado energético que conforma un ser humano.

Este entrenamiento era a menudo un proceso largo y laborioso que podía llevar toda una vida, dependiendo de las capacidades del estudiante.

Esta tarea, la de lograr la estasis energética, se enseñaba a menudo al neófito haciéndole aprender el poder de la atención. Para ello se utilizaban diversos ejercicios, como mirar fijamente un punto en la pared o realizar alguna tarea tediosa que requiriera toda su atención. Estos ejercicios se prolongaban durante años y solían complementarse con otras enseñanzas destinadas a transmitir la verdad energética de la realidad. También se obligaba al neófito a participar en diferentes responsabilidades y ceremonias diseñadas para hacerle cuestionar todo lo que creía saber sobre el mundo que le rodeaba.

El resultado final, tras muchos años de trabajo, solía ser una persona capaz de detener por completo su flujo energético, lo que a menudo se denominaba detener todo pensamiento o alcanzar la neutralidad.

Alcanzar el vacío, como puedes imaginar, creaba un gran desequilibrio en el cuerpo energético del neófito. Este desequilibrio significaba que se generaba un vacío dentro del cuerpo que permitía a esta persona realizar hazañas energéticas asombrosas, como viajar a través del espacio y el tiempo o alcanzar la codiciada habilidad de ver el mundo desde una perspectiva energética.

Después de dominar esta primera polaridad, al alquimista iniciado se le enseñaría IN, es decir, la atracción de energía.

A través de una gran cantidad de trabajo fuera del cuerpo, o exploración energética como yo la llamo, he llegado a la conclusión de que tales comienzos neófitos son cosa del pasado; algo que se practicaba en una época en la que había menos gente en esta Tierra, una época en la que esa intención extraterrestre externa parecía tener mucho menos poder. Ahora, con miles de millones de mentes reflejando esa malévola (desde la perspectiva humana) intención externa, ya no es factible intentar empezar desde el vacío, en mi opinión. Creo que la única manera de comenzar el proceso alquímico de la maestría energética es aprender primero y ante todo a luchar contra la negatividad que parece ser tan prevalente en estos tiempos modernos. Comenzando el viaje alquímico desde la polaridad IN, considero que no sólo es posible alcanzar la maestría, sino también prosperar en estos tiempos oscuros.

En efecto, parece que estamos rodeados por todas partes de negatividad. No puedes encender la televisión, entrar en Internet o incluso hablar con un amigo sin que te inunde la energía negativa. Esta negatividad invade nuestras vidas y hace todo lo posible para ponernos en estados mentales y situaciones negativas, que luego nos hacen experimentar aún más negatividad.

También ocurre que nuestra creciente población hace casi imposible encontrar soledad y estabilidad. Mires donde mires, vayas donde vayas, siempre hay alguien ahí, y a menudo los que encuentras no tienen en cuenta tus intereses.

Pero, contrariamente a lo que la mayoría podría creer, el verdadero problema no es la negatividad, sino los brotes energéticos excesivos.

Cada vez que tienes un arrebato emocional realmente intenso, ya sea clasificado como negativo o positivo por ti, lo que realmente está sucediendo es que tu cuerpo está teniendo una poderosa reacción a algún tipo de estímulo. Este estímulo provoca una gran acumulación de energía en ti, que luego se libera en el medio ambiente, ya sea como un destello gigante o un reflujo a fuego lento.

Una erupción energética es una emoción. Es un arrebato emocional intenso de cualquier tipo.

Y es este estallido energético lo que busca esta fuerza extraterrestre. ¡Esta es la destilación de energía que el Gran Arconte necesita como alimento!

Como he mencionado antes, este mundo se ha convertido en un mundo de estructuras de creencias, todas compitiendo en esta aparentemente gigantesca batalla evolutiva en la que supuestamente una creencia se convertirá en la dominante. El nuestro es un mundo de propaganda, donde estamos en un constante estado de lucha mientras adoptamos ciertas creencias, o memes, y luego tratamos de imponer estas creencias a los demás.

¿Te has preguntado alguna vez por qué? La ciencia diría que esta competencia de los memes por nuestras mentes es sólo el resultado natural de la evolución, causada por el siguiente nivel de competencia dentro de un grupo de organismos que han alcanzado la autoconciencia. Pero algunos se preguntarán, ¿es ésta la única forma de evolucionar? Y si lo piensas, ¿puede decirse realmente que la humanidad ha evolucionado mucho desde una perspectiva espiritual, a partir de esta gran batalla de memes?

Hay una gran fuerza ahí fuera, una megalítica presencia extraterrestre que ha secuestrado la conciencia humana y ha detenido casi por completo la lenta marcha de la humanidad hacia una mayor iluminación y la verdadera libertad. Lo ha hecho proyectando su intención sobre nuestras mentes con tal fuerza que la humanidad ahora se cree a sí misma esta cosa malvada y jodida que tiene que destruir para crear.

Un poderoso meme nos dice que somos malvados, asquerosos, enfermos, niños caídos separados de la naturaleza. Otro nos dice que somos depredadores naturales en un mundo duro y que debemos destruir para sobrevivir. A partir de estos dos poderosos memes creamos tempestad tras tempestad de emociones oscuras que no sirven a ningún humano en este planeta, sólo causan más y más conflictos mientras luchamos y nos preocupamos por una vida que parece ser una lucha y una contradicción sin fin. Y cuando no estamos perdidos en toda esta negatividad, nos perdemos en memes que hablan de amor, compasión y paz sin fin, para que luego entreguemos cualquier energía que nos pueda quedar en forma de olas de amor por nuestro planeta y nuestros semejantes, porque como nos dice este meme, el amor y la felicidad son la respuesta a todo.

Todos estos memes hacen una cosa básica, ¡y es causar llamaradas energéticas que esta fuerza alienígena luego consume!

Estos memes no nos ayudan realmente a evolucionar de una manera marcada y ciertamente no nos permitirán descubrir una utopía donde la humanidad encuentre finalmente la paz y la iluminación. Estos memes son aberraciones puestas ante nosotros, que nublan nuestras percepciones y nos obligan a descargar enormes sumas de energía en forma de emociones inútiles. Estos arrebatos emocionales, que son pura energía destilada, son consumidos por esta fuerza alienígena como quien exprime un melocotón maduro para beberse el néctar que contiene.

Ten en cuenta que no estoy diciendo que todas las emociones sean malas, lo que estoy diciendo es que la gran suma de arrebatos emocionales son el resultado de pensamientos e ideas que no son nuestros, y que estas indulgencias emocionales no sirven a ningún propósito real, excepto para alimentar a una fuerza megalítica que nos posee de la misma manera que nosotros podríamos poseer vacas en un campo.

Pero hay una forma de luchar contra estos memes.

El gran beneficio de la Polaridad Tripartita IN es que nos proporciona una manera de luchar contra esta eterna batalla por nuestras mentes dándonos una manera no sólo de lidiar con esta negatividad, sino también una manera de prosperar dentro de ella. Esto es así porque la Polaridad Tripartita IN se ocupa de la absorción de la energía; es ese estado energético en el que el haz de conciencia humana se abre al Mar Oscuro y activamente chupa la energía a su alrededor, con el fin de alimentarse y ganar más energía con el fin de extender la vida y el poder.

Si sabes algo sobre la práctica yóguica del pranayama[5], la práctica china del chi-kung, o incluso la increíblemente fascinante tendencia del despertar vampírico que se está apoderando del mundo occidental, entonces sabrás un poco, o mucho, sobre la absorción de la fuerza vital del entorno.

Todas estas metodologías se ocupan, en mayor o menor grado, de la absorción activa de la fuerza vital del mundo que nos rodea utilizando diferentes técnicas, que cuando se examinan de cerca, parecen ser casi idénticas entre sí. Si bien cada una de estas metodologías puede proponer una tangente ideológica diferente, todas funcionan mediante técnicas muy similares que emplean la respiración, la visualización y bombas internas que absorben la energía externa y proporcionan vitalidad y salud a quienes las practican.

Ciertamente, el pranayama y el chi-kung son sistemas energéticos completos, mientras que la metodología vampírica que está creciendo en Occidente

---

[5] Prana, Chi y Ki son términos utilizados en las tradiciones orientales para referirse a la energía vital o fuerza de vida que se cree que fluye a través de todos los seres vivos. Estas filosofías sugieren que esta energía puede ser cultivada y dirigida para mejorar la salud física, mental y espiritual

combina aspectos de estos dos sistemas e introduce otros nuevos basados en un ideal más depredador.

Sin embargo, lo que me parece más interesante es que todos estos sistemas energéticos en su mayor parte tienden a tratar sólo con lo que podría considerarse energía positiva, o lo que algunos podrían llamar la energía "natural" que rodea toda la vida. Incluso en los niveles avanzados de pranayama y chi Kung, e incluso en las técnicas vampíricas que enseñan un tipo de vampirismo psíquico depredador, hay muy poca mención de cómo acumular la energía que más a menudo se denomina "negativa". Lo que quiero decir con esto es que estos sistemas parecen basarse únicamente en la idea de que la energía positiva o natural es el único tipo de energía disponible para la ingestión psíquica.

Una vez más, se podría pensar que tal vez dentro de las técnicas empleadas por los vampiros psíquicos, por ejemplo, habría algún tipo de metodología que permite a una persona ganar vitalidad, es decir, ganar energía, de la negatividad a su alrededor, pero esto no es "generalmente" el caso. Los vampiros energéticos suelen estar interesados en ingerir energía de anfitriones dispuestos o quizás ingerir energía de grandes multitudes que generalmente proyectan energía positiva. Supongo que todos buscamos la belleza y el placer, incluso los vampiros, y todos nos alejamos del dolor, el sufrimiento y el mal.

Pero la cuestión es que no existe la energía negativa o positiva, ¡sólo existe la energía!

Como tal, me temo que no puedo considerar completo ninguno de estos sistemas energéticos desde la perspectiva alquímica porque su comprensión de la energía parece tener connotaciones limitadas que, de nuevo parecen ser el resultado del lenguaje y de nuestro sistema de objetivación y clasificación.

Para un alquimista, la Polaridad Tripartita IN no se ocupa de ingerir lo que podría denominarse energía positiva, que es una cierta clasificación subjetiva de la energía solamente. La Alquimia se ocupa de la ingestión de toda la energía, y se centra específicamente en lo que podría denominarse energía negativa, porque hay mucha de ella.

Esta Polaridad Tripartita IN se convierte entonces en una increíble y poderosa fuente de poder, especialmente en estos nuevos tiempos. Esto es así porque el dominio de esta Polaridad Tripartita puede permitirte ganar gran poder alimentándote de la energía más prevalente disponible: la energía negativa.

¿Por qué es esto tan importante?

¿Y cómo se relaciona esto con la lucha activa contra esta intención negativa que ahora gobierna el mundo?

La Polaridad Tripartita IN es infinitamente importante porque al aprender a usar esta Polaridad Tripartita, podemos esencialmente consumir esa energía e intención negativa que ahora está nublando la percepción humana, y con ella podemos hacer algo escandaloso:

En lugar de ser manipulados por esta intención negativa, ¡podemos alimentarnos de ella!

También podemos alimentarnos de toda la negatividad que esta intención negativa está causando en este planeta. La Polaridad Tripartita IN nos permite alimentarnos de nuestra mente, que no es totalmente nuestra mente sino la proyección de un mal ajeno, ¡y además podemos alimentarnos de toda la negatividad que esta fuerza ajena está causando en este planeta!

Piensa en la posibilidad de ser capaz de obtener cantidades masivas de energía de tu enemigo, de modo que cuanto más te empuje, más poder podrás obtener de ese empuje.

El odio, el dolor, el mal, la preocupación, la pena, el miedo, el amor delirante e indulgente, la compasión ciega, se convierten entonces en alimento; una fuente de energía inagotable que un alquimista puede utilizar para su propia evolución.

En el contexto de nuestra vida cotidiana, la capacidad de absorber la negatividad tiene un potencial increíble. Cada vez que alguien trata de imponerte sus creencias, o trata de llenar tu mente con los pensamientos que son engendrados por cualquier estructura de creencias indulgente, lo que estas personas están haciendo es usar toda la energía personal que está a su disposición para crear/proyectar sus pensamientos y sentimientos sobre ti y el mundo en general. Su voluntad/intención en forma de pensamientos e ideas, adquiere forma como resultado de la cantidad de emoción que estas personas generan, y entonces esta forma energética se proyecta en el entorno que les rodea; y en ti específicamente.

Ese es el poder de la consciencia, la capacidad de dar vida, de manifestar, de remodelar la energía en diferentes formas; simplemente la capacidad de refinar la energía dentro del cuerpo de consciencia y emitir esa energía refinada al entorno. Los seres humanos son sistemas de destilación de energía naturales y muy poderosos; son creadores.

Desgraciadamente, una forma de vida decidida a utilizar este poder para alimentarse se está apropiando de él.

Así, lo que tenemos es una intención extraterrestre, una fuerza externa que está proyectando energía en el mundo humano desde una dimensión que actualmente está fuera del rango perceptivo de la persona promedio. Esta energía, a la que se le ha dado dirección y propósito gracias a esa intención extraterrestre, cambia las capacidades perceptivas de todos los seres humanos a los que toca y entonces fuerza a la humanidad (que es un gran colectivo de formas de vida autoconscientes) a refinar esta energía extraterrestre junto con cualquier pizca de energía que puedan poseer ellos mismos. Esta vida extraterrestre desciende entonces sobre esta reserva colectiva de conciencia humana y succiona la energía que la humanidad ha refinado.

Se puede pensar en esto como en una destilación: se hace pasar un determinado compuesto a través de un determinado mecanismo de destilación y al final se obtiene una nueva sustancia perfeccionada que se puede ingerir. ¡Es alquimia en proporciones titánicas!

Por desgracia, esta destilación de la energía del colectivo humano no es algo benigno. Este proceso, que yo llamo "destilación" para explicarlo de la manera más humana posible, es muy costoso para la humanidad, porque drena a la humanidad no sólo de la energía que proporciona la intención alienígena, sino también de la energía inherente que hay dentro de cada ser humano. Esta energía humana inherente, que en un tiempo nos permitió a todos ser seres mágicos increíblemente poderosos, es ahora alimento para un tipo de forma de vida que se preocupa por nosotros del mismo modo que nosotros nos preocupamos por los pollos que metemos en jaulas diminutas durante toda su vida para consumirlos a nuestro antojo.

Justicia poética o no, creo que todos estaremos de acuerdo en que escapar de esta jaula redunda en beneficio de toda la humanidad.

El dominio de la primera Polaridad Tripartita detiene esta destilación energética de la humanidad enseñándote cómo absorber esta energía a la que se le ha dado un propósito negativo (desde la perspectiva humana) por la intención alienígena. Literalmente muestra al adepto cómo alimentarse de este parásito extraterrestre, cambiando completamente las tornas de las monstruosidades que convertirían a la humanidad en una fuente de alimento.

Para entender cómo es posible, lo mejor es pensar que una persona es como un imán. Un ser humano tiene el potencial, centrándose en esta polaridad IN, de convertirse en un tipo de imán que atrae energía hacia sí.

Como ya he dicho, esta succión de energía se produce de forma natural, sin necesidad de intervención humana. Una persona puede y de hecho absorbe energía de la manera más natural a lo largo de su vida, de la misma manera que tiene la necesidad natural de respirar. La cuestión es que este funcionamiento automático, o autónomo para ser más precisos, no permite el perfeccionamiento de esta habilidad, y el perfeccionamiento de esta habilidad es de suma importancia como ahora sabes.

Ejercicio: Técnica de Absorción de Energía

Para llevar a cabo esta captación IN de energía de una manera más consciente, comienza por encontrar un lugar tranquilo donde puedas estar solo durante unos 15 minutos. Más tarde, hazlo en lugares concurridos, lugares negativos o siempre que sientas alguna gran onda o llamarada de energía desagradable, ya sea dentro o fuera de ti:

Ponte de pie con los pies separados a la anchura de los hombros e intenta relajar el cuerpo todo lo posible.

Es muy importante que relajes tu cuerpo tanto como sea posible porque la habilidad de sentir la energía y la habilidad de mover esta energía a través de tu cuerpo se vuelve mucho más fácil cuanto más seas capaz de relajarte. La relajación del cuerpo puede ser un proceso muy sencillo si lo tratas como un juego divertido y no te lo tomas demasiado en serio. Se trata simplemente de centrar la atención en el deseo de relajarte cada vez más, hasta que el cuerpo se sienta tan relajado que esté a punto de desplomarse.

Si sientes que una parte de tu cuerpo, como los hombros, está todavía tensa, centra tu atención en esa zona y dite a ti mismo que te relajes, centra tu atención en el deseo de relajar esa parte de tu cuerpo, y quizás dite a ti mismo "relájate".

Una vez que sientas que estás en un estado relajado, quiero que prestes atención al mundo que te rodea. Focaliza tu atención en todos los objetos que te rodean, tanto si estás en una habitación como fuera, en algún lugar de la naturaleza. Piensa en el suelo que tienes debajo y en el cielo que tienes encima. Intenta verte y sentirte como una entidad diminuta en medio de un gran mundo, y luego usa tu imaginación para sentir que te conviertes en uno con este mundo.

Cuando pienses que casi puedes sentir la totalidad de este mundo dentro de ti, quiero que inspires. Intenta que esta inspiración sea la más lenta que hayas hecho nunca, de modo que te lleve entre 10 segundos y medio minuto inspirar completamente.

Mientras inhalas, quiero que imagines que estás atrayendo energía de todas las cosas que te rodean, imagina que ves y sientes esta energía venir hacia ti y dentro de ti. Imagina que el mundo entero, la totalidad de ese mundo que has estado sintiendo, tiene dentro de sí una esencia, una energía espiritual interna, que ahora estás atrayendo hacia ti a través del poder de tu lenta respiración IN.

Imagina que mientras estás respirando EN esta respiración muy lenta, y mientras atraes la esencia energética de todas las cosas a tu alrededor, que esta esencia está siendo absorbida por tu cuerpo; está siendo succionada por los mismos poros de tu cuerpo. Todo tu cuerpo se ha vuelto como un imán (o si lo prefieres, tu cuerpo se ha vuelto como un gran vacío) que ahora está atrayendo hacia sí toda esta esencia energética.

A medida que tu cuerpo atrae hacia sí toda la esencia energética de todo lo que lo rodea, esta esencia se acumula en el centro mismo de tu cuerpo. Esta energía que has absorbido se acumula como una gran bola brillante en el centro de tu ser que crece en intensidad, poder y brillo a medida que absorbes más y más energía.

Cuando sientas que no puedes respirar más porque tus pulmones están llenos, quiero que retengas la respiración durante 5 segundos. Mientras aguantas la respiración, intenta sentir esta bola de energía en el centro de tu ser, alrededor de la zona donde imaginas que está tu estómago. Y mientras sientes esta bola de energía, trata de visualizar que se concentra cada vez más.

Luego, mientras sigues conteniendo la respiración, imagina que la energía contenida dentro de esta esfera resplandeciente de poder comienza a extenderse por todo tu cuerpo llenándolo de vitalidad y fuerza.

Después de estos 5 segundos, o el tiempo que creas necesario, quiero que exhales en un agradable suspiro relajante. Lo que quiero decir con esto es que quiero que dejes ir toda la tensión que tu cuerpo pueda haber acumulado mientras estabas jalando energía hacia ti mismo, y mientras relajas tu cuerpo, quiero que liberes el aire dentro de tus pulmones dejando que este aire salga de ti de la manera más natural posible. Esta exhalación más natural será como un suspiro relajante. Sabrás que lo estás haciendo bien cuando realmente sientas que has dejado algo dentro de ti después de este suspiro; como si hubieras ingerido una pequeña pero limpia y poderosa comida.

Una vez completado este suspiro relajante de exhalación, quiero que una vez más empieces a

INSPIRAR. Repite el mismo proceso que antes, inspirando lo más lentamente posible y, mientras lo haces, imagina una vez más que estás atrayendo hacia ti, que estás aspirando hacia ti la esencia energética de todo lo que te rodea.

Continúa este proceso energético durante al menos cinco respiraciones IN. Una vez que hayas terminado, creo que te sorprenderá increíblemente la vitalidad con la que te sentirás.

Esta técnica te permitirá absorber energía en cualquier lugar y te permitirá aumentar enormemente el tipo de vitalidad que sientes. Es a través del dominio de esta técnica que ciertos maestros son capaces de estar sin comer durante largos períodos de tiempo, y cómo algunos de estos maestros son realmente capaces de dejar de comer por completo.

Sin embargo, esta maestría puede llevar años, por lo que te ruego que no realices ningún tipo de ayuno sin consultar antes con tu médico y que te asegures siempre de que te asiste una persona cualificada.

Cuando enseño esta técnica a la gente, normalmente el mayor problema que encuentro es intentar explicarles qué y cómo es que atraemos energía hacia nosotros. A veces, una persona puede tener dificultades para sentir la energía que la rodea y para atraer o succionar esta energía hacia sí como resultado de esta falta de "sentido del tacto".

Por esta razón, normalmente les hago practicar un ejercicio que encuentro increíblemente poderoso para mostrar a la gente cómo mover la energía psíquica dentro y fuera de sí mismos.

Ejercicio: Descubrir y utilizar tus Bombas de Energía Psíquica

Como antes, recomiendo que encuentres una habitación tranquila en tu casa, preferiblemente una habitación que tenga algún tipo de mesa en la que puedas colocar una taza o algún otro objeto pequeño.

A continuación, aconsejo que intentes con todas tus fuerzas tirar del objeto que has colocado sobre esa mesa con el único poder de tu mente. Imagina que eres un Caballero Jedi, por ejemplo, o algún tipo de ser mágico con poderes telequinéticos, e intenta atraer ese objeto hacia ti con el poder de tu mente.

Ahora, no espero que seas capaz de mover este objeto con el poder de tu mente, pero este ejercicio es muy bueno para mostrarte el tipo de atracción energética que necesitas usar para atraer energía hacia ti. Esta es la sensación de atracción que es más difícil de describir con palabras, pero que se puede sentir al realizar este ejercicio.

Uno puede pensar en ello como una especie de bomba interna que está tirando de una esencia externa hacia sí misma, es una fuerza de succión que atrae con intensidad variable lo que está fuera de sí misma. Es esta sensación la que debes utilizar cuando realices el ejercicio de respiración IN. Por lo tanto, te sugiero que practiques este ejercicio de intentar aspirar hacia dentro un objeto y que sigas practicándolo hasta que domines esa sensación. Si alguna vez descubres que tienes problemas para utilizar la técnica de la Polaridad Tripartita IN, te recomiendo que vuelvas a este ejercicio porque es, en mi opinión, la forma más poderosa de enseñarte a desarrollar una bomba de energía muy potente.

Este es el ejercicio fundacional y el núcleo básico para la Polaridad Tripartita IN.

Capítulo 5. Vacío y Neutralidad

Si recuerdas el diagrama del capítulo 3, notarás que, aunque todas las polaridades están separadas, están conectadas dentro de nuestro ser. Como cualquier conjunto que funciona bien, las tres deben colaborar en armonía o habrá desequilibrio. Ninguna polaridad puede dominar sobre las otras, o la energía se acumulará en exceso en un aspecto de la psique humana, del alma energética, lo que desestabilizará a las demás.

Para encontrar el equilibrio, no solo debemos mirar en nuestro interior, sino que debemos esforzarnos por convertirnos en maestros de las tres polaridades.

La polaridad que suele enseñarse primero es la del VACÍO[6]. Sin embargo, he invertido el orden porque creo que esta es la única manera posible de enseñar la Santa Trinidad Alquímica en estos frenéticos tiempos modernos.

Esto no significa que la polaridad VACÍO carezca de importancia. De hecho, es crucial porque nos enseña

---

[6] Al referirnos a las tres polaridades fundamentales en diversos sistemas, hablamos de "Entrada" (In) como los datos o energía que ingresa al sistema, "Salida" (Out) como los datos o energía que emanan del sistema, y "Vacío" (Void) como la ausencia tanto de entradas como de salidas, representando un estado de equilibrio o neutralidad. Este último, el Vacío, se considera un punto de balance donde no hay transferencia ni transformación activa dentro del sistema, simbolizando un estado neutro y de potencial ilimitado.

cómo conservar nuestra propia energía, permitiéndonos movernos sin obstáculos en este mundo que drenaría la vida de nuestras almas. También es la polaridad que nos permite trascender este mundo hacia otras dimensiones; es el portal mágico hacia otros planos de existencia.

Dominar la Polaridad Tripartita VOID implica:

- Sellar las fugas energéticas del cuerpo

- Vaciar la mente

- Detener el flujo de los pensamientos

- Poner en pausa el mundo exterior

- Alcanzar el Samadhi

- Lograr el Satori[7]

- Vivir plenamente en el Aquí y Ahora

- Fluir con la corriente eterna del presente

---

[7] Satori es un término budista zen que se refiere a la iluminación o comprensión intuitiva de la verdadera naturaleza de la existencia. A menudo se describe como un despertar repentino o un momento de claridad y comprensión profunda.

- Alcanzar un estado de perfección al estilo Forrest Gump

Y a través de esta polaridad es posible:

- Tener experiencias extracorporales

- Convertirse en un soñador lúcido

- Tener sueños lúcidos

- Viajar a otras dimensiones y realidades alternas

- Alcanzar la iluminación total

Si algunas de estas descripciones te resultan familiares, probablemente estés familiarizado con el misticismo, especialmente de la variedad oriental. La Polaridad Tripartita VOID se ha convertido en un motivo increíblemente poderoso en el pensamiento religioso y místico de Oriente. Estos ideales y técnicas son ciertamente un gran recurso para los interesados en explorar cada detalle posible de una vida en busca del VACÍO.

Sin embargo, desde una perspectiva alquímica, la forma más importante de describir este punto de la Santísima Trinidad es decir que es la polaridad que te muestra cómo sellar las fugas energéticas del cuerpo. En esta polaridad, el dominio del cuerpo energético humano se logra controlando todo el flujo energético que entra y sale del ser; enseña al neófito a detener realmente todo flujo energético, punto. No es ni más ni menos que esto.

La alquimia es ante todo un sistema práctico interesado en la manipulación energética y no en las divagaciones mentales, la religión, la simbología, la política o las definiciones en abundancia; algo que debo admitir que quizás es difícil de creer cuando lees textos alquímicos escritos por Charlatanes.

Uno puede imaginar lo poderoso que podía ser el dominio de esta polaridad. De hecho, fue quizás uno de los movimientos místicos más poderosos que jamás haya invadido este planeta. Y hasta el día de hoy, algunos no alquimistas la consideran como la única forma real de autoiluminación y libertad disponible para el ser humano.

En mi opinión, es Oriente quien ha sobresalido en el dominio de esta polaridad del VACÍO. Solo esta polaridad ha dado origen a muchas órdenes místicas y religiones como el Zen, Chan, Taoísmo, Budismo, etc.

Todos estos movimientos religiosos y místicos (excepto el Taoísmo y el Tantra quizás) tienden a centrarse casi completamente en esta polaridad y consideran las otras dos polaridades dentro de la Polaridad Tripartita como antinaturales. De hecho, algunos llegan incluso a calificar de maligno cualquier trabajo realizado con las otras dos polaridades; el trabajo del camino de la mano izquierda.

Esto es un error y un prejuicio nacido de la nomenclatura ideológica y la clasificación del ego. La manipulación de la energía no es mala, del mismo modo que el uso de la electricidad no es malo. El mal nace del corazón de las personas y de la influencia del Gran Arconte.

El ego consciente es una adición a la mente humana natural, creado por la intención alienígena. Un aspecto de este ego tiene una gran necesidad de clasificar y categorizar las cosas como buenas o malas.

Pero si alguien quiere insistir en el tema, se podría argumentar que incluso la manipulación de la energía a la que se dedican algunas de estas escuelas místicas es mala, porque detener todo el flujo de energía permanentemente, centrando todos los esfuerzos solo en la polaridad del VACÍO, puede desactivar partes de la psique humana que necesitan ser expandidas, no destruidas.

El Nirvana[8], que puede decirse que es la sensación completa de todo movimiento energético en el cuerpo (un estado de ser-no-ser que muchas de estas escuelas orientales persiguen a toda costa), provoca una implosión completa de la psique. Y mientras algunos creen que esta

---

[8] Samadhi y Nirvana son conceptos importantes en las filosofías y religiones orientales, especialmente en el hinduismo y el budismo. Samadhi se refiere a un estado de meditación profunda, mientras que Nirvana representa la iluminación espiritual y la liberación del ciclo de renacimiento.

implosión engendra un pasaje a una nueva y mejor ubicación dentro del Mar Oscuro que está más allá de la existencia del ego, yo personalmente no me arriesgaría a probar esa teoría, porque todo lo que veo cuando estudio tales actos es el olvido total.

La Voluntad/Intención de cualquier ser autoconsciente en particular puede clasificarse como buena o mala desde la perspectiva humana, pero tales clasificaciones no se aplican realmente desde un punto de vista energético. Nosotros los humanos, por ejemplo, podríamos clasificar la Intención Extraterrestre que actualmente se está dando un festín con nosotros como malvada, pero ¿es realmente malvada? ¿O es que nuestros egos no pueden manejar el hecho de que otra forma de vida nos esté tratando de la misma manera que nosotros tratamos a las otras formas de vida en este planeta?

No existe el mal, solo existe la energía, y todas esas cosas que clasificamos como mal son en realidad nuestros aliados, porque son los desafíos que nos empujan a evolucionar.

Lamentablemente, la escuela de vaciar la mente, sellar las fugas, vivir en el presente, y todos los sistemas que abogan por un tipo de Nirvana "anulador", son incompletos por sí mismos, y ya no pueden salvarnos de la Depredadora Intención Alienígena porque esa Depredadora Intención se ha vuelto demasiado poderosa en este tiempo moderno. La presión sobre nosotros los humanos ahora mismo es increíblemente fuerte.

Ya no es posible escapar de la poderosa intención que ahora sostiene este mundo, solo tratando de dominar la polaridad del VACÍO.

¿Te has preguntado alguna vez por qué se ha vuelto tan común oír hablar del gran gurú, o de esa persona santa, que pasa de ser un día el epítome de la gracia y la bondad, a realizar algún acto terrible al día siguiente? ¿Por qué los que llegan tan alto pueden caer tan bajo?

La razón de esto es que, a menos que seas un maestro completo de la polaridad del VACÍO, que entonces postula que has alcanzado el verdadero y real Samadhi (verdadera y completa "iluminación"), esa Intención Alienígena un día, tarde o temprano, encontrará una grieta en tu foco de atención. Y cuando esto ocurra, te verás sumido en un lugar oscuro, lleno de algo terrible donde antes no había nada en absoluto, que podría hacerte sentir una emoción o un impulso antes no sentido que podría "obligarte" a cometer los actos más atroces posibles.

Para explicar esto con más detalle, tengo que mostrarte lo que es el dominio de la polaridad VOID.

El dominio de la Polaridad Tripartita VOID consiste en detener todo flujo energético. Esto significa que no hay flujo energético desde el Mar Oscuro que pueda afectar al practicante, lo cual no es poco, y tampoco hay fuga energética desde el cuerpo energético del practicante hacia el Mar Oscuro.

Cuando un maestro de esta polaridad alcanza el Nirvana, que podría decirse que es el logro más alto dentro de los límites de esta polaridad de VACÍO, él o ella se convierte en un vacío oscuro dentro de un Mar ya Oscuro.

Sé que muchos no estarán de acuerdo con esta definición de Nirvana o Samadhi, y creo que tales objeciones son bastante legítimas y comprensibles. Sin embargo, creo que este desacuerdo se debe a los problemas con las definiciones y la objetivación que no pueden evitarse utilizando el lenguaje.

Muchos dirían que el Nirvana se alcanza cuando se logra el "no-yo", la realización de Brahman y el fin del ciclo kármico. Algunos podrían presuponer entonces que el "no-yo" es diferente del "no-pensamiento", y que nada de esto tiene que ver con la Contención Energética total.

Los alquimistas, sin embargo, están únicamente interesados en el punto de vista energético, ya que éste ha demostrado una y otra vez ser el punto de vista más correcto posible. Como tal, hay que darse cuenta de que la única manera de que el no-yo exista es a través de la detención de todo pensamiento. O se podría decir que la detención de todo pensamiento anula el yo. Además, debe entenderse que esta anulación de todo pensamiento puede extenderse o disminuirse; es decir, puede haber diversos grados de no-pensamiento.

Pero sea cual sea el grado de no-pensamiento alcanzado, sólo puede lograrse a través del control del flujo energético; por lo tanto, el no-pensamiento es sólo un grado de Contención Energética.

Podríamos decir, por ejemplo, que todo pensamiento consciente podría detenerse, lo que abriría el laberinto del subconsciente y permitiría acceder al poder aparentemente casi infinito que contiene.

Y más allá de eso, existe la posibilidad de alcanzar la nada total, es decir, la ausencia de pensamiento consciente o de conciencia subconsciente, algo que pueden lograr unos pocos elegidos y poderosos. Esta nada total apagaría también todos los pensamientos de la parte subconsciente de la psique. Una vez que se logra este silencio total, uno comienza a percibir el verdadero vacío; la verdadera oscuridad, o la "ausencia de luz", si lo prefieres. Pero incluso aquí a veces uno es capaz de percibir ciertas sensaciones, si las corrientes energéticas del Mar Oscuro son lo suficientemente fuertes.

Entonces, uno podría dominar incluso estas corrientes y anular completamente todo flujo energético para alcanzar finalmente el verdadero silencio. Esto es verdaderamente el Nirvana y todas las cosas están anuladas. La palabra Nirvana significa "soplar" y, de hecho, una persona que alcanza este tipo de increíble maestría sobre esta polaridad se ha soplado a sí misma fuera de esta existencia.

Si contemplamos la progresión de la quietud, a medida que un neófito se convierte en un gran maestro, podemos ver cómo las definiciones pueden parecer diferentes dependiendo de cuánta quietud se alcance. Tal vez algunos crean que basta con "no pensar", mientras que otros piensen que no se puede alcanzar el no-ser hasta que no se anulen por completo el pensamiento y las sensaciones. Y otros podrían tener una interpretación diferente de lo que es el Nirvana o de lo que implica anular el ciclo kármico, dependiendo de sus ideales y de sus definiciones de todos los términos que utilizan.

Desde una perspectiva alquímica, todas esas definiciones son esencialmente irrelevantes. Lo que es relevante es que todo no-pensamiento o no-yo o cualquier otra cosa, sólo puede lograrse cuando la Contención Energética se domina en un grado u otro. Para un Alquimista, la polaridad del VACÍO tiene que ver con la Contención Energética:

- Los pensamientos son una proyección de energía; para detenerlos hay que contener esta proyección, por lo que el "no-pensamiento" es Contención Energética.

- La actualización del yo, ya sea a través del pensamiento, la sensación, la voluntad, la intención, el deseo, etc. es una proyección de energía. El yo, el acto de ser, es una proyección de energía, por lo tanto detener la existencia de este ser, en cualquier grado, es Contención Energética.

Nada importa en la Polaridad Tripartita del VACÍO excepto la Contención Energética.

Entonces, ¿por qué caen tantos hombres y mujeres santos? ¿Y por qué caen tantos ahora?

Caen porque su dominio de la Contención Energética no es perfecto, y yo diría que a menos que seas un maestro que se ha "volado a sí mismo" a través del Nirvana, que yo diría que es morir a través de una implosión energética, la Contención Energética por sí sola nunca será suficiente para resistir la Intención Alienígena que gobierna nuestro planeta.

Esto no quiere decir que todas estas personas deban ser mejores maestros, o que la Contención Energética completa sea el único camino real, y que todo lo demás esté mal. Como he dicho, las palabras son una forma muy inapropiada de describir las verdades energéticas. Creo que siempre es mejor utilizar los términos más simples y concisos posibles cuando se trata de describir estos principios y técnicas. De esta manera una persona puede empezar a practicar estas técnicas rápida y eficientemente, y descubrir las complejidades del universo energético al que me refiero como el Mar Oscuro, a través de experiencias corporales directas en lugar de palabras.

Al final, el lenguaje siempre nos meterá en problemas; cerrará puertas y construirá gigantescas barreras objetivas donde tales barreras y limitaciones no existen.

Entonces, simplemente la Contención Energética, o el dominio de la Polaridad Tripartita VOID por sí sola, no es suficiente para tratar con la Intención Alienígena que ahora controla este mundo. Ninguna de las tres Polaridades por sí mismas es suficiente para tratar este gravísimo problema. Y desgraciadamente, casi siempre se enseñan estas polaridades como cosas separadas, cada una por sí misma e ignorando o desautorizando completamente a las otras dos.

Algunos podrían decir: "El vacío es bueno, es el camino, no empuja hacia afuera a los demás y tampoco tira hacia adentro y toma del mundo. Está más allá de Algunos dicen: "IN es lo mejor, toma como el mundo toma, todo es depredación y lo mejor es ser el mejor depredador. Sé el mejor tomador que puedas ser."

Otros dicen: "OUT es el único que es mejor, debes poner tu voluntad e intención ahí fuera. Debes pensar constantemente lo que quieres, sabiendo siempre lo que no quieres para poder centrarte en lo que sí quieres, empujando siempre, siendo siempre tu mejor versión, pensando siempre en Dios, siendo siempre el más feliz, el más amoroso. Proyecta siempre bondad, practica siempre el amor, la regla de oro; para conseguir el mundo que quieres, debes crearlo pensamiento a pensamiento".

Cada una de ellas representa una ideología, una religión, una forma de ser. Y cada una de ellas no es más que una polaridad de una Santísima Trinidad que no puede existir sin las demás. Hacer demasiado hincapié en una de ellas en detrimento de las demás es crear un desequilibrio que, a la larga, sólo traerá la ruina si no se gestiona correctamente. En Alquimia, el equilibrio es muy importante.

Admitiré que me centro más en la polaridad OUT y por esa razón hay un ligero desequilibrio. El mayor énfasis es sobre el dominio de la Manipulación Interna, y cómo usar esta técnica para cambiar tu vida y luchar contra las opresivas fuerzas oscuras que gobiernan este mundo. El desequilibrio creado por el énfasis excesivo en la polaridad OUT proporciona la fuerza necesaria para mostrar una nueva forma de actuar sobre (y vencer a) el gran Arconte, y la gran mayoría de la humanidad que son sus peones involuntarios. También proporciona la energía necesaria para poder presentar un verdadero y completo tratado de Alquimia.

La polaridad del VACÍO es increíblemente poderosa porque nos muestra cómo navegar por este mundo de una manera que nos permite cederle la menor cantidad de energía posible. Lo hace permitiendo al Alquimista contener su composición energética. Cuando un Alquimista ha dominado esta polaridad, se convierte en "un bebé en un huevo", silencioso e intocado por el mundo que le rodea.

Debido al gran poder de esta polaridad, proporcionaré dos técnicas que encuentro muy poderosas para aprender a dominar esta posición energética. Con estas dos técnicas deberías ser capaz de obtener una buena comprensión de lo que significa desarrollar la Contención Energética y cómo alcanzar tú mismo el verdadero silencio.

Ejercicio 1: Primer Nivel de Contención Energética

Con este primer método, utilizarás una técnica similar a la que te proporcioné para el dominio de la polaridad IN, aunque esta técnica forma parte de la polaridad VOID:

Encuentra una habitación tranquila donde puedas sentarte cómodamente y donde no te molesten durante al menos 15 minutos o media hora.

En el último capítulo te pedí que intentaras utilizar el poder de tu mente para atraer un objeto hacia ti. Esta técnica es similar, excepto que aquí no estarás tratando de atraer un objeto o incluso una energía extraña que te esté molestando. En su lugar, tratarás de atraer hacia ti la mayor parte de tu composición energética personal.

Puede que encuentres que esta atracción de energía no es apropiada en la maestría de la polaridad del VACÍO, ya que en lugar de intentar encontrar una completa quietud, en realidad estás atrayendo energía. Pero lo que está sucediendo es que estarás atrayendo la energía que ya has emitido, y cuando hagas esto estarás Conteniendo esa Energía, gracias a la poderosa atracción que esperas haber desarrollado usando el ejercicio "Descubriendo y Usando tus Bombas de Energía Psíquica" que mencioné en el último capítulo. Esencialmente estás usando una bomba de energía para jalar tu energía gastada de regreso a ti mismo y también estarás usando esta bomba para ayudarte a mantener/contener esa energía para que no se escape de ti otra vez.

Una vez que te hayas sentado en un lugar tranquilo, quiero que utilices esa fuerza de atracción (o bomba) para atraer toda la energía que sientes que estás expulsando a la atmósfera que te rodea.

No estás intentando tirar de la energía de las cosas que te rodean, sino que ahora estás de hecho intentando tirar de la energía que ya has emitido en forma de emoción fuerte, reacción refleja y pensamiento intenso.

Otra forma de imaginar esto (la visualización es muy importante en el trabajo energético) es imaginar que sientes que estás atrayendo hacia ti los sensores que utilizas para percibir el mundo. Imagina que eres una extraña criatura que proyecta desde sí misma estos pequeños tentáculos, algo así como una ameba, que utiliza estos apéndices para percibir el mundo que le rodea. Imagina entonces que son estos tentáculos los que estás atrayendo hacia ti utilizando ese poderoso Tirón de la bomba de energía que has desarrollado.

Como ves, el acto de percepción, la interacción activa con el mundo que te rodea, es un acto energético. Para percibir el mundo (y actuar dentro de él), necesitas proyectar energía desde ti mismo; cuanta más energía puedas proyectar fuera de ti, más poderosamente podrás percibir o afectar a este mundo exterior. Al atraer la energía que expulsas de forma natural cuando interactúas con el mundo en tu vida cotidiana, te alejas de este mundo y reduces en gran medida la medida en que este mundo puede afectarte.

Mientras jalas tu energía hacia ti, imagina que jalas cada tentáculo energético, de manera simétrica, hasta que estos tentáculos energéticos lleguen justo al borde de tu cuerpo, o al borde de lo que consideras que eres tú mismo.

Una vez que llegas a este punto, lo que tienes que hacer es contener y solidificar ese límite entre tú y el mundo exterior. En esencia, lo que estás haciendo, después de haber atraído toda tu energía externa, es crear una especie de campo de fuerza, un borde duro, a tu alrededor que luego contiene tu esencia energética.

Si te miraras a ti mismo desde lejos, y pudieras ver la energía que te rodea mientras lo haces, podrías notar que en cierto modo te has vuelto como ese bebé en un huevo, un ser que conoce el verdadero silencio y el desapego.

Trata de solidificar los bordes de este campo de contención y retira cualquier energía dentro de este campo que sientas que está a punto de ser proyectada hacia afuera.

Notarás que cada vez que tengas una reacción emocional, cada vez que te veas forzado a actuar impulsivamente ya sea porque te has asustado repentinamente o porque has tenido una reacción reactiva, reflexiva, a algo, sentirás como si alguna energía estuviera siendo propulsada desde tu interior hacia el mundo exterior.

A menudo pido a la gente que observe cuánta tensión tiene en el cuerpo y cómo esta tensión cambia de posición y de intensidad a lo largo del día. Entonces les señalo que cualquier tensión que sientan es una acumulación de energía y un punto en el que potencialmente están proyectando energía hacia el entorno.

Para tener una emoción, o incluso un sentimiento fuerte de cualquier tipo, tienes que generar esta energía dentro de ti o tienes que dejar entrar energía externa que te impulse a actuar de esta manera. La emoción, como la acción física, es el resultado de la acumulación y liberación de energía.

Sin energía, no hay acción. Esta energía, que puede sentirse como una tensión leve o muy pronunciada en el cuerpo, es bombeada por la musculatura corporal hacia el exterior, ya sea como un destello de emoción intensa o como un reflujo latente de emoción o sentimiento.

Al atraer tu energía hacia ti y contenerla dentro de este campo de fuerza que has creado, alcanzas el Primer Nivel de Contención Energética.

Lo que esto significa es que este nivel de Contención Energética te permite tener un gran control sobre tus emociones. Este es, de hecho, el camino hacia el control emocional, algo muy apreciado pero que rara vez se consigue.

Sugiero que una vez que hayas desarrollado maestría sobre esta técnica en particular, te tomes el tiempo de salir afuera e interactuar con la gente mientras intentas mantener este tipo de Control Energético. Si te has vuelto bueno en esta técnica, notarás que serás capaz de sentir instantáneamente un desapego dentro de ti. Ya no te dejarás llevar por las emociones y la Intención de los demás, ya no experimentarás arrebatos emocionales exagerados, mientras tu mente y el mundo que te rodea pulsan un botón u otro para intentar obtener algún tipo de reacción de ti; cuanta más reacción obtenga el mundo de ti, más energía destilada le darás.

Y sorprendentemente, te darás cuenta de que una vez que hayas dominado este tipo de Contención Energética, una gran cantidad de felicidad te inundará. De nuevo, te imploro que no te pierdas demasiado en las indulgencias de estos sentimientos felices y trates de contener estas Llamaradas Energéticas, pero es interesante notar que este primer nivel de Contención Energética puede crear una gran cantidad de felicidad mientras trata de no crear nada en absoluto.

"La alegría perfecta es no tener alegría", dijo el sabio Chuang Tzu, según la traducción de Thomas Merton.

Notarás que la técnica que menciono arriba puede detener todos los Estallidos Energéticos emocionales e impulsivos una vez que se domina, pero que no detiene el parloteo de la mente. La razón de esto es que la Contención Energética se mantiene fuera de la mente pensante. La barrera a la energía que entra y a la energía que sale se mantiene bajo control como una especie de campo de fuerza en forma de huevo alrededor del cuerpo, de modo que la mente es libre de pensar todo lo que quiera.

Esto tiene sus ventajas, ya que permite que la mente funcione muy bien sin las interrupciones y las manipulaciones que pueden distraer tanto cuando alguien intenta pensar de forma lógica y crítica. De hecho, se podría decir que este Primer Nivel de Contención Energética es perfecto para la mente lógica y el pensamiento crítico en circunstancias difíciles.

Pero este primer nivel de Contención Energética sigue dejando esa mente sin contención. Esto significa que hay Contención Energética sobre el cuerpo, pero la mente queda libre para pensar lo que quiera. Para contener la mente, hay que detener la mente, y para detener la mente hay que detener todos los pensamientos. El Segundo Nivel de Contención Energética se alcanza cuando uno es capaz de dominar la habilidad de detener el proceso de pensamiento.

Hay una serie de técnicas diferentes que se han utilizado a lo largo de la historia y de las regiones geográficas. Ya he mencionado la técnica de mirar un punto en la pared, o a veces simplemente mirar una pared desnuda. Hay otras técnicas como cerrar los ojos y mirar la oscuridad detrás de los párpados.

Sin embargo, el problema de todas estas técnicas es que requieren tiempo; a menudo se tarda años en dominarlas y exigen un gran esfuerzo de atención, algo difícil de gestionar si no te dedicas a esta tarea a tiempo completo.

Por lo tanto, recomiendo emplear una técnica diferente, una que puede ayudar a detener por completo el pensamiento consciente interno y que también puede ayudarte a moverte "dentro" del espacio interior.

Esta técnica implica la interrupción de una rutina particular que ha dado forma, literalmente, a la mente humana consciente moderna.

Esta rutina es el ciclo del sueño; la rutina del sueño.

En su mayor parte, los humanos duermen en un ciclo que implica un tiempo de vigilia muy largo y otro tiempo de sueño muy largo. Por término medio, la mayoría de los humanos duermen unas ocho horas al día en un largo periodo de sueño y luego están despiertos el resto del día.

Este tipo de ciclo de sueño es en realidad una rutina muy arraigada. Hay muchas pruebas que demuestran que la humanidad ha pasado por diferentes ciclos de sueño en el pasado, y que el ciclo de sueño actual es en gran medida el resultado de lo que la mente racional cree que debería ser el ciclo de sueño ideal. Para la mente racional, el sueño es una pérdida de tiempo, y la mejor manera de controlar este desperdicio es tratar de quitarlo de en medio en un bloque sólido, y al mismo tiempo tratar de reducir este bloque de sueño tanto como sea posible. Como resultado, tenemos nuestro largo tramo de sueño que la gente siempre intenta acortar y, por supuesto, el café se ha convertido en un vicio indispensable.

Ejercicio 2: Segundo nivel de contención energética

Para detener la mente, para detener el parloteo y ese papel constante de imágenes e ideas que parecen desplazarse sin cesar por la pantalla de la mente, recomiendo hacer algo que podría parecer muy "productivo" para la mente racional; y es reducir el tiempo que pasas durmiendo.

Ahora bien, no quiero que te dejes llevar, y no me refiero a que reduzcas en gran medida la cantidad de horas que duermes. Lo que estoy sugiriendo es que tomes un poquito de ese largo periodo de sueño que pasas cada noche, y uses este tiempo y esta "energía de sueño" acumulada para ayudarte a detener tu mente parlanchina por un rato.

Desde un punto de vista racional, es decir, desde un punto de vista perceptivo en el que el mundo es un lugar lleno de objetos y tú no eres más que otro objeto dentro de él, se podría decir que la falta de sueño aumenta la producción de hormonas del sueño como la melatonina y la adenosina. Utilizando estos "propulsores mentales" producidos de forma natural, estas hormonas de la sensación de sueño, podemos detener el interminable parloteo de la mente.

Desde un punto de vista alquímico, no utilizaría el término hormona porque, de hecho, se podría decir que las hormonas inductoras del sueño son una manifestación física de una acumulación energética. Desde una Posición Energética Cognitiva, se podría decir que se está creando un tipo de desequilibrio que aumenta un cierto tipo de esencia energética. A través de la acumulación y transmutación de esta esencia energética, puedes usar este poder acumulado para inducir el no-pensamiento, y por lo tanto abrir una puerta hacia nuevas dimensiones.

Para ello, intenta averiguar cuánto duermes por noche. Si, por ejemplo, duermes unas ocho horas cada noche, quiero que intentes reducir tu tiempo de sueño a siete horas y cuarenta y cinco minutos por noche. Es decir, duerme lo que duermas, quiero que intentes reducir esa cantidad en quince minutos.

Capítulo 6. Salida

La 'magia' de un hombre es la ingeniería de otro. 'Sobrenatural' es una palabra nula, como bien dijo Robert A. Heinlein.

Reflexionando sobre lo explorado hasta ahora, en términos sencillos, hemos aprendido a absorber energía dentro de nosotros y retenerla para que el mundo no nos despoje de nuestras ganancias.

Absorber, contener, absorber, contener...

Estas técnicas representan dos tercios de la constitución energética humana y, como tales, son muy poderosas. Si dominas estas dos polaridades, podrías trascender este mundo si lo deseas, o si optas por permanecer aquí, ciertamente podrías vivir una larga existencia física llena de relativa paz y vitalidad.

Lamentablemente, compartimos la Tierra con otros seres humanos y también enfrentamos una colosal Fuerza Alienígena que puede aplastarnos con su poderosa Intención. Esto significa fundamentalmente que necesitamos garras.

Necesitamos una forma de movernos libremente en este mundo, como seres plenamente individuales capaces de lograr cualquier cosa que deseemos.

La habilidad de romper nuestra jaula para tener la libertad de ser lo que queremos y hacer lo que anhelamos es mi verdadero propósito con estas palabras. Y la polaridad que más se ocupa de esta capacidad es la polaridad SALIDA.

Este capítulo te brinda los principios básicos para empezar a luchar contra un mundo que parece estar diseñado para hacernos temerosos, ansiosos, agotados y miserables. Al aprender a dominar la polaridad FUERA, aprendes a proteger la energía FUERA de ti mismo; FUERA, en ese Mar Oscuro que nos envuelve, y así proyectar tu Voluntad, y luego tu Intención, en ese mundo.

Para comprender por qué es crucial dominar la polaridad AFUERA, podríamos simplificar las cosas; lo cual nunca es realmente bueno a largo plazo, pero ayuda a clarificar cuando estamos aprendiendo algo nuevo. Entonces podríamos decir que hay dos tipos básicos de Alquimistas en el mundo:

El primer tipo de Alquimista es quizás el que más comúnmente viene a la mente cuando se piensa en el ideal del místico solitario. Este tipo suele estar interesado en separarse del mundo. Utiliza la polaridad del VACÍO, primero para liberarse de toda la gente y de la Intención limitante a su alrededor, y luego para separarse del mundo escapando hacia lo desconocido usando su Cuerpo Astral (Y esta es generalmente la ÚNICA vez que este Alquimista emplea la polaridad SALIDA).

Este Alquimista es el icónico ermitaño de las montañas, que busca soledad y distancia donde es libre de almacenar tanta energía como sea posible, y enfocar todos sus esfuerzos en alejarse de esta posición vibratoria Terrenal para participar en incursiones en la infinitud que nos aguarda, Allá Afuera.

Tal Alquimista es un individuo increíblemente intrépido que enfrenta lo gran desconocido. Desafortunadamente, tal desprendimiento no es posible para la persona promedio, y la vida de un Alquimista así probablemente no sea viable para la mayoría de los lectores de este libro.

El segundo tipo de alquimista es el de la vieja escuela. Lo digo porque fueron estos antiguos alquimistas los primeros en descubrir cómo manipular la energía tan efectivamente tomando prestadas (una palabra más bonita que robar) las técnicas empleadas por las formas de vida no orgánicas.

Estos antiguos Alquimistas eran seres depredadores, al igual que las criaturas a las que una vez adoraron. Estaban (y están) muy interesados en este mundo objetivo que todos los humanos compartimos, y profundamente enfocados en adquirir y utilizar el poder que eran capaces de extraer de él. Estos Alquimistas eran hechiceros sombríos, lúgubres, oscuros y muy decididos que se centraban completamente en la manipulación de su realidad externa a través de técnicas internas como la Manipulación Interna.

Los alquimistas que se asemejan a esos antiguos "Elevados" están interesados en ingerir y almacenar tanta energía como sea posible, que toman del mundo que les rodea sin ninguna consideración por los demás. Luego, utilizan esta energía para dar forma al mundo y convertirlo en lo que desean, empleando técnicas muy poderosas de polaridad OUT.

Este tipo de Alquimista está interesado en el desapego sólo hasta el punto que le permita almacenar cantidades mucho mayores de energía, y está profundamente interesado en dominar la habilidad de absorber tanta energía como sea posible de su entorno, porque más energía significa más potencial para empujar hacia AFUERA y por lo tanto mayor poder.

Como en todas las cosas dentro del reino de la Alquimia, los extremos nunca son buenos y siempre es mejor encontrar el equilibrio. El equilibrio aquí se puede encontrar contemplando estos dos extremos y utilizando las fuerzas de ambos para crear algo que pueda funcionar en tu vida.

Fundamentalmente, el verdadero equilibrio sólo se logra asegurándonos de tratar cada polaridad con la misma consideración y comprometernos a intentar dominar las tres.

Aunque no es bueno tomar de los demás sin su consentimiento y manipular sólo con fines egoístas, también debemos darnos cuenta de que vivimos en un mundo duro que no se puede ignorar. En otras palabras: que ignores al tigre no significa que el tigre te ignore a ti.

¡En este mundo, para sobrevivir y prosperar, también tenemos que ser un poco místicos y un poco brujos!

Y así nos encontramos a las puertas de la última polaridad, la Polaridad Tripartita OUT:

En el reino de esta polaridad OUT descubrimos nuestro instrumento de acción, nuestra varita mágica; la punta afilada de lo que yo llamo Manipulación Interna. Mediante el dominio de esta polaridad podemos cambiar nuestro mundo y crear la vida que mejor se adapte a nuestros ideales personales. La polaridad OUT ayuda a mover la energía dentro del cuerpo (a lo que me refiero como Fuerza de Voluntad) y también nos permite proyectar energía desde él (a lo que me refiero como Intención).

La Voluntad es una fuerza dinámica poco comprendida cuando se piensa en términos puramente racionales, pero que puede entenderse claramente desde una perspectiva energética. Desde esta perspectiva, nos damos cuenta de que la Voluntad es una fuerza real, una fuerza que tenemos que trabajar meticulosamente para acumular y dirigir. La Voluntad, por lo tanto, es esa energía almacenada dentro del Alquimista que ahora tiene el potencial de convertirse en algo más.

Y gracias a este POTENCIAL almacenado, tenemos la capacidad de proyectar energía a través de la polaridad OUT. Esta energía OUT se entiende primero como Fuerza de Voluntad cuando se utiliza para cambiar nuestro propio ser. Luego tiene el POTENCIAL adicional de convertirse en Intención cuando nuestra Fuerza de Voluntad es lo suficientemente fuerte como para crear una corriente fuera de nosotros en el Mar Oscuro. Estas corrientes creadas por nosotros mismos pueden llevarnos a donde queramos ir y pueden cambiar a la gente y al mundo que nos rodea de acuerdo con nuestros deseos.

Cuando miramos al Mar Oscuro con nuestros ojos normales, vemos un mundo lleno de objetos. Pero si ahora estás dispuesto a contemplar la posibilidad de que el mundo sea en realidad un mar de energía, entonces debes aceptar que todos estos objetos que damos por sentados son sólo un tipo de ilusión; símbolos que ocultan misterios mayores. Esta ilusión está causada por algo a lo que me he referido como Posición Cognitiva o Perspectiva Cognitiva.

Esta Perspectiva Cognitiva es una postura perceptiva "impuesta" que es la consecuencia de una Intención ajena de proporciones titánicas, y que esta poderosa Intención está siendo proyectada por una colosal forma de vida no orgánica que está únicamente interesada en consumir la esencia energética de la humanidad.

Empujando la energía hacia FUERA, y creando nuevas corrientes en el Mar Oscuro, somos capaces de luchar contra esta fuerza oscura de Ahí Fuera. Luchamos contra esta Intención Alienígena creando nuestra propia Intención, para que podamos crear una nueva vida consciente en la búsqueda de nuestro verdadero yo a través de la manifestación/transmutación de nuestros valores e ideales personales.

Empujar la energía hacia AFUERA nos permite crear/manifestar/transmutar las cosas que deseamos, ya sea remodulando la frecuencia vibratoria de partes del Mar Oscuro, o ajustando nuestro propio movimiento a través del Mar Oscuro para que nos encontremos de golpe con esa cosa o situación que anhelamos.

La polaridad OUT está interesada en la remodelación aparentemente mágica de nuestro mundo. Convertirse en un maestro de la polaridad OUT es convertirse en "El Mago".

Hay una gran cantidad de material por ahí sobre cómo realizar muchos tipos diferentes de hechizos, cómo hacer magia ceremonial, crear sigilos, y cómo manifestar lo que quieres usando diversas prácticas energéticas como la Ley de la Atracción. Hay buenos sistemas que intentan enseñarte cómo conseguir lo que quieres y cómo manifestar lo que deseas.

Lo que muy pocas de estas fuentes de información mencionan es cómo es que vas a mejorar en conseguir lo que quieres. Por lo general, proporcionan algunas técnicas decentes que se pueden emplear con el fin de conseguir lo que deseas, como la realización de algún acto mágico de gran alcance, por ejemplo, pero rara vez se discute por qué algunas personas parecen tener muy buenos resultados, mientras que otras casi nunca obtienen ningún buen resultado en absoluto.

Aquellos que proporcionan una buena técnica a menudo discutirán cómo estas técnicas pueden ser mejoradas y cómo el dominio de ciertas técnicas en el orden correcto y con la cantidad correcta de potencia puede aumentar tu éxito. Pero, en general, parece que siempre hay aciertos y errores que rara vez se discuten de forma satisfactoria.

Los alquimistas tienen una respuesta muy simple para esta tasa de éxito de aciertos y errores, que como puedes sospechar se reduce a una cosa básica: la energía.

En pocas palabras: cuanta más energía tengas, más podrás crear/manifestar/transmitir a la existencia. Cuanta más Fuerza de Voluntad (Potencial) tengas para expulsar al mundo, más podrás hacer.

Y como he dicho antes, ninguna polaridad es más importante que las otras. Cada una contribuye a las otras, así que para tener más éxito en la transmutación/manifestación, necesitas mejorar en la adquisición y mantenimiento del poder. Para obtener este poder necesitas ser capaz de atraer (IN) más del entorno que te rodea, y necesitas ser capaz de sellarlo (VOID) dentro de ti hasta el momento en que necesites usarlo.

En los dos últimos capítulos hemos hablado de cómo obtener este poder y también de cómo mantenerlo. En este capítulo aprenderemos a utilizarlo, a proyectarlo eficazmente. Pero mientras seguimos, recuerda lo que he dicho sobre el potencial, sobre la necesidad de tener más para poder hacer más. Esto significa que es muy importante que sepas cómo extraer energía del mundo y cómo mantener esta energía para que no se desperdicie en indulgencias tontas y, en cambio, se utilice para un buen propósito.

Para empezar, primero tenemos que saber qué se siente al proyectar energía, un aspecto increíblemente crucial de la manifestación/transmutación que rara vez se discute.

Para ello, recuerda el ejercicio en el que tenías que tirar de un objeto, como una taza, desde lo alto de una mesa. Supondrás, con razón, que tratar de alejar ese objeto de ti es esencialmente el acto de proyectar energía hacia FUERA.

Por lo tanto, quiero que repitas ese ejercicio, pero esta vez intenta empujar esa taza lejos de ti. No empujes demasiado fuerte, mover o no mover el objeto no es lo importante, lo importante es que te hagas una idea de lo que se siente al expulsar energía.

La proyección de energía requiere un gran esfuerzo y lo más probable es que haya algún tipo de tensión en tu cuerpo, y esta tensión, o rigidez del cuerpo, es fácilmente identificable para alguien que esté prestando atención a lo que estás haciendo. Por esta razón, creo que este tipo de proyección estresante de la energía es algo bueno para participar cuando estás solo en casa tal vez y deseas intentar manifestar algo.

Sin embargo, considero más poderoso el acto de comprometerse con la vida cara a cara. Lo que quiero decir con esto es que quiero proporcionar una técnica que se puede utilizar en cualquier momento y en cualquier lugar, y que nadie, a menos que estén prestando mucha atención a ti, será capaz de saber que estás "haciendo" nada en absoluto.

Como tal, es importante notar que el aspecto más importante de usar nuestra Intención personal para liberarnos de la Intención del mundo en general, es soltar tanto como sea posible la acción física directa. El primer lugar para comenzar a soltar esta acción física es usar un tipo de Acción Interna que no es perceptible externamente. Me refiero a esta Acción Interna como Manipulación Interna.

¿Por qué es tan necesaria la acción interna encubierta?

La razón es que nosotros, al igual que nuestros hermanos los animales, tenemos muchos instintos territoriales. Y aunque nos consideramos bastante civilizados, es obvio (si has pasado algún tiempo rodeado de gente) que seguimos librando muchas batallas territoriales cada día.

El lenguaje corporal es algo que escrutan atentamente todas las personas que nos rodean, tanto si se dan cuenta de lo que hacen instintivamente como si no. Las personas utilizan estos indicadores del lenguaje corporal para juzgar las intenciones de los demás y, por tanto, lo que deben hacer para defenderse de esas intenciones.

Para ver esta postura territorial en acción, basta con entrar en cualquier lugar concurrido; mi elección personal sería la tienda de comestibles. En la tienda, donde la gente busca comida de forma primitiva con un carrito o una cesta en la mano, se puede ver lo territoriales que seguimos siendo y cómo incluso las acciones físicas más pequeñas pueden tener consecuencias.

Observarás que, por ejemplo, si te entusiasmas con un artículo determinado en la tienda, los demás a tu alrededor captarán esas señales y se girarán para ver qué estás mirando; algunos incluso pueden correr delante de ti para intentar llegar a ese producto antes que tú, bloqueándote el paso. También notarás que algunos compradores muy conscientes y astutos observan hacia dónde miran o gravitan los demás, ya que esto podría indicarles dónde puede haber una oferta o un producto especial que podrían haber pasado por alto.

Además, puedes observar que caminar por un pasillo se hace cada vez más difícil a medida que aumenta el número de personas en la tienda. Desde una perspectiva lógica, esto parece tener una razón obvia: cuanta más gente, menos espacio y más competencia por los productos. Sin embargo, muchos olvidan añadir a este cálculo todo el poder de la psicología y subestiman la mayor carga emocional que puede generar el aumento de población. Esta carga emocional hará que la gente ocupe más espacio en los pasillos y que se interpongan en tu camino con más frecuencia al intentar imponer su dominio. Esto crea una gran cantidad de energía psíquica que puede convertirse fácilmente en un estallido físico de proporciones a veces violentas.

Las grandes multitudes pueden ser peligrosas. Si suficientes mentes individuales se concentran en una dirección, esta fuerte corriente generada por ellos arrastrará al resto del grupo en esa dirección también. Esto significa que si vas en contra de la multitud serás castigado, y si te ves atrapado en la desesperada intención de la multitud, no te sorprendas si tú también empiezas a actuar de la forma más primitiva e inconsciente posible. Para comprobar la verdad de esto, todo lo que tienes que hacer es intentar participar en una gran venta del Viernes Negro.

Ese lenguaje corporal y esas acciones territoriales forman parte de nuestra vida cotidiana como seres humanos, vestigios, dirían algunos, de nuestros antepasados primates, cuando luchaban por la supervivencia y el dominio. Como tal, el acto de empujar la energía OUT puede ser algo bastante complicado cuando se está rodeado de una gran multitud, ya que esto puede hacer que te destaques como un bicho raro potencial o alborotador, y por lo tanto podrías incurrir en la ira de la multitud.

Esto es, sin duda, lo que no queremos. Y por esa razón, voy a mostrar cómo proyectar energía de la forma más natural, una forma que no te hará ponerte rígido por el esfuerzo mientras miras fijamente, lo que puede hacer que sobresalgas como un pulgar dolorido y puede tener connotaciones sociales negativas.

Para entender esta forma tan natural de proyectar energía para conseguir lo que quieres, necesitamos entender los componentes individuales que la hacen posible. Esta comprensión es necesaria porque te permitirá refinar realmente el proceso y llevarlo de un impulso inconsciente a un acto consciente que puedes controlar, refinar y hacer mucho más fuerte.

Los tres aspectos básicos que componen esta acción natural de la Fuerza de Voluntad son:

El acto de enfocar tu atención

El acto de exhalar

La emoción

Atención Focalizada

La atención focalizada es el embudo de energía más poderoso y natural que tenemos. Creamos nuestro mundo a través de nuestra atención y, si recuerdas el Capítulo 2, recordarás que el acto de prestar atención también colapsa las probabilidades potenciales; lo que ayuda aún más a solidificar el mundo para nosotros. El acto de prestar atención impulsa energía desde el interior de un ser consciente: El acto de percepción es el acto de creación.

Aquí es donde el "potencial" vuelve a entrar en escena. Cuanta más energía tenemos, es decir, cuanta más energía podemos extraer del mundo que nos rodea y cuanta más energía podemos mantener en nuestro interior, más poderosa se vuelve nuestra atención.

Podrías preguntarte por qué algunas personas parecen más inteligentes o incluso más dedicadas, más capaces, con más éxito y mejores en el trabajo mental. Curiosamente, también podrías preguntarte por qué algunas personas parecen tener tan poco éxito y tan mala suerte. Incluso cuando todo parece estar a su favor al principio, parecen ser capaces de invertir esta buena fortuna muy rápidamente y meterse de lleno en la peor suerte posible una y otra vez.

La respuesta a esto es su capacidad para prestar más atención; su capacidad para ser capaces de estrechar el foco de su atención a sólo lo que quieren (o no quieren) durante largos períodos de tiempo. Cuando pueden controlar el foco de esta poderosa atención en las cosas buenas, parecen máquinas imparables de la suerte, pero cuando sólo pueden centrarse en lo peor posible, parecen caminar con una nube oscura sobre sus cabezas.

Esta capacidad de concentrarse intensamente puede ser el resultado de un talento natural con el que han nacido, o puede ser el resultado de que son capaces de acumular y mantener más energía que los demás. Sea lo que sea a lo que presten atención, lo más probable es que se muevan hacia ello y lo creen en sus vidas, porque el poder de su atención es más poderoso que el de las personas normales.

Algunas personas se preguntan por qué parece que intentan todos los métodos y técnicas expuestas por los gurús del poder mental, pero rara vez son capaces de obtener los resultados que les gustaría. Estos gurús a veces señalan que la atención y la capacidad de concentrarse, o de visualizar de alguna manera, son muy importantes. Si son buenos profesores, pueden incluso sugerir ciertos ejercicios para intentar ayudar a desarrollar esta atención. Lo que nunca se menciona, es el hecho de que esta atención puede desarrollarse hasta cierto punto a través de ejercicios, pero la verdadera medida de la capacidad de una persona para prestar atención y mantener esa atención durante períodos sostenidos de tiempo, tiene todo que ver con la cantidad de energía que tiene.

En este libro te he enseñado a adquirir esa energía y a conservarla. Ahora es el momento de usar esa energía para enfocar y desarrollar tu atención, para que puedas conseguir lo que quieres de una manera que será buena para ti y también para todos los que te rodean. Y de una manera que te permita ejercer tu Fuerza de Voluntad, tu Intención, sin que nadie sospeche nunca que eres un practicante de la Manipulación Interna.

Para dominar el primer componente de la proyección natural de la Fuerza de Voluntad, quiero que busques un lugar tranquilo y agradable, donde puedas adoptar una postura cómoda y dediques entre 15 minutos y media hora a realizar lo siguiente:

Ejercicio: Visualización a través de la Atención Focalizada

Comienza simplemente prestando atención a algo. Concentra tu atención en esa única cosa durante el mayor tiempo posible.

No quiero que centres tu atención en ningún objeto que pueda estar a tu alrededor ahora. Lo que quiero que hagas es que intentes visualizar algo en tu mente, y que luego intentes mantener tu atención enfocada en esa visualización durante el mayor tiempo posible.

Cuando hablamos de visualización, solemos pensar en una imagen mental. Sin embargo, la visualización implica mucho más que una imagen en la cabeza, aunque la capacidad de visualizar una imagen mental vívida como ésta es muy importante.

Hay entonces una miríada de diferentes tipos de visualizaciones posibles, pero las tres básicas están directamente relacionadas con cómo percibimos usando nuestros sentidos físicos. Estos tres grandes son los siguientes:

Imagen visual; es decir, una imagen clara y vívida en el ojo de tu mente.

Una sensación auditiva; es decir, la capacidad de imaginar vívidamente un sonido, la capacidad de visualizar el sonido en tu mente.

Una sensación kinestésica; la capacidad de visualizar una sensación, ya sea externa a nosotros mismos o interna.

Comencemos entonces ejercitando la capacidad de visualizar una imagen VISUAL. Sé que hay algunas personas que dicen que no pueden visualizar una imagen visual en absoluto, y que algunas de estas personas tienden a creer que debido a esta incapacidad, están muy obstaculizados cuando se trata de este tipo de prácticas energéticas o mágicas.

Sin embargo, es bastante raro no ser capaz de hacer este tipo de visualización, lo creas o no, y a menos que hayas tenido algún tipo de trauma cerebral, todos podemos visualizar una imagen visual en mayor o menor grado. Cada vez que recuerdas algo, lo más probable es que estés recordando un recuerdo visual. Por ejemplo, si te pido que recuerdes lo que has hecho hace 10 minutos, es muy probable que tengas una imagen visual de lo que estabas haciendo, como por ejemplo verte encendiendo el ordenador.

Si tienes problemas para visualizar una imagen, intenta recordar algo de tu pasado.

Para este ejercicio, por ejemplo, quiero que "cierres los ojos" y visualices en tu mente la imagen de una manzana. Si crees que tienes problemas o que no puedes visualizar esa imagen, quiero que busques una foto de una manzana en tu ordenador o dondequiera que puedas conseguirla y luego intentes recordar esa imagen.

Ahora aquí está la parte importante, no quiero que intentes estresarte de ninguna manera mientras haces esto. Es decir, no quiero que intentes esforzarte en ver la manzana, o en ver esta manzana tan vívidamente real como sea posible. Lo que quiero es que mantengas tu atención centrada en una manzana, en la imagen de lo que esta manzana podría ser o puede ser (o lo que una vez fue si estás recordando una imagen).

Lo que descubrirás cuando hagas esto es que esta manzana puede estar bastante fragmentada dentro del ojo de tu mente. Es probable que no sea perfecta, que no tenga la forma adecuada, que se mueva y cambie de forma, que el color no sea nítido y que te resulte difícil mantener la atención en ella, lo que significa que puedes empezar a pensar en otras cosas.

Lo que quiero que hagas es que mantengas tu mente, el foco de tu atención, en esta visualización algo abstracta e irregular de esta manzana en particular. El truco consiste en mantener la atención centrada en esta manzana de forma relajada durante el mayor tiempo posible.

A medida que lo hagas, empezarás a notar que esta manzana se vuelve mucho más concreta dentro del ojo de tu mente. Esta visualización empezará a tomar mejor forma, el color será más vibrante y parecerá más real, y una parte de ti empezará a creer que la manzana está ahí, en la oscuridad de tu mente.

Lo que ocurre es que tu atención está haciendo que esta manzana sea cada vez más real. Lo hace bombeando energía de forma natural a esta visualización, convirtiéndola de una imagen inicial algo enrevesada a una mucho más concreta y aparentemente real. De hecho, cuanta más atención puedas prestar a esta visualización, más real se volverá la manzana.

Así es con todas las cosas, cuanta más energía ganan energéticamente, más reales y concretas se vuelven. Como un haz de energía autoconsciente, eres capaz de dirigir la dirección y el foco de tu atención a cualquier cosa que desees. Cuanta más atención le prestes a una cosa, más energía puedes bombear hacia esa cosa, lo que cambia la Masa Energética y la Frecuencia Vibracional de esa cosa.

Lo que esto significa es que puedes convertir una cosa en otra cosa sólo a través del foco de tu atención, que es verdaderamente el proceso Alquímico, y es simplemente el caso entonces que todos somos Alquimistas ¡nos demos cuenta o no!

Por lo tanto, quiero que enfoques tu atención en esta visualización de una manzana de la manera más enfocada que puedas, y observa lo que sucede. Haciendo esto descubrirás rápidamente el poder creativo que hay dentro de ti, a medida que esta manzana en particular se hace más y más real en tu mente.

Cuando estés satisfecho de tener una visualización bastante decente de una manzana en el ojo de tu mente, quiero que abras los ojos y mires la habitación en la que estás. Si tu visualización no fue perfecta, no te preocupes porque tales visualizaciones mejorarán con el tiempo, a medida que mejores en enfocar tu atención y permitir que tu energía fluya naturalmente hacia las cosas a las que estás prestando atención.

Pero ahora, con los ojos abiertos, completamente consciente de la habitación que te rodea, quiero que una vez más intentes ver esta visualización de una manzana. Pero ahora quiero que veas esta visualización flotando ante ti en esta habitación con los ojos abiertos.

De nuevo, no intentes forzar la existencia de la imagen, simplemente mantén tu atención en un punto concreto de la habitación en el que creas que puede estar flotando la manzana, y deja que tu atención bombee energía a esta visualización para que se haga más y más real cuanto más te concentres en ella.

Con el tiempo, deberías ver que esta manzana se vuelve cada vez más real, que toma forma, que tal vez adquiere un mejor color e incluso que desarrolla un tipo de presencia tridimensional dentro del espacio de la habitación. Es muy probable que esta manzana pase de estar allí de forma muy vívida a desvanecerse y dejar de ser tan real, para volver a ser un poco más real. Lo que ocurre aquí es que esas fluctuaciones indican las fluctuaciones de tu atención. A medida que tu atención disminuye y se desvía, la estructura de tu manzana también fluctuará, y de esta forma descubrirás los límites de tu atención y también podrás utilizar estas fluctuaciones como un tipo de retroalimentación para desarrollar mejor tu atención con el tiempo.

Quiero que intentes hacer este ejercicio durante unos 15 minutos. Es un tiempo bastante largo para centrar tu atención en una cosa si no has hecho nada parecido antes, así que tómatelo con calma al principio. Si quieres, no tienes que hacer el ejercicio durante 15 minutos la primera vez, puedes intentarlo durante 5 minutos y luego llegar a los 15 minutos. Pero quiero que llegues a un punto en el que puedas mantener tu atención centrada en la visualización durante quince minutos.

Creo que te sorprenderá lo vívidas que se volverán estas visualizaciones sin mucho esfuerzo de tu parte.

A continuación, quiero que repitas el mismo ejercicio anterior, pero esta vez intenta visualizar un sentimiento. Primero es bueno notar que hay dos tipos generales de sentimientos y se puede decir que son:

Interno: un sentimiento que tienes dentro como una emoción, o la certeza de una creencia.

Externo: una sensación que podría decirse que viene de fuera de nuestro cuerpo, como sentir frío o sentir la superficie rugosa de una pared.

Primero elige una sensación externa como, por ejemplo, la sensación de una brisa agradable que te da en la cara, y luego quiero que centres tu atención en esa sensación durante unos 15 minutos hasta que el poder de tu atención haga que la visualización de esa "sensación" sea lo más vívidamente real posible. Recuerda que no debes forzarte, sólo concentrar tu atención y relajar tu cuerpo.

A continuación, haz el mismo ejercicio pero con un sentimiento interno. Por ejemplo, imagina que te toca la lotería. Centra tu atención en este concepto abstracto; cómo sería ganar la lotería, qué emociones y sensaciones internas podrías sentir si ganaras ese gran premio.

De nuevo notarás que a medida que enfocas tu atención en ello, y dejas que tu atención desarrolle naturalmente la realidad de este sentimiento, empezarás a experimentar cómo debe ser este sentimiento. Vigila de cerca la fluctuación de tus sentimientos, ya que te mostrarán claramente los límites de tu atención. Intenta hacer este ejercicio también durante 15 minutos.

Por último, quiero trabajar una visualización auditiva. Para ello te sugiero que intentes imaginar (visualizar) cómo sería escuchar un instrumento musical. Por ejemplo, imagina que oyes un hermoso piano de fondo.

De nuevo no quiero que te estreses en intentar hacer real esta visualización auditiva, lo que quiero es que centres tu atención en la posibilidad de esta visualización y dejes que el poder de tu atención desarrolle esta visualización "auditiva" de forma natural. Con el tiempo, si tu foco de atención es lo suficientemente fuerte, comenzarás a escuchar este piano tocando e incluso podrías sorprenderte de lo real que se vuelve esta visualización auditiva.

Después de haber hecho esto durante 15 minutos, quiero que digas una palabra o frase en voz alta. Por ejemplo: "Soy feliz". A continuación, centra tu atención en el recuerdo del sonido de esta frase. Quiero que centres tu atención en el recuerdo de haber oído esa frase: "Soy feliz". Fíjate si puedes centrar tu atención en el recuerdo de esa frase durante 15 minutos. A ver si al final puedes oírte claramente a ti mismo diciendo esa frase en tu mente.

Intenta hacer estos ejercicios al menos dos veces por semana durante un mes, si puedes. Puede que descubras que estas visualizaciones se vuelven muy divertidas, sobre todo cuando te das cuenta de que no suponen ningún esfuerzo aparte del desarrollo de tu atención. Y que en lugar de visualizar cosas aburridas como manzanas, puedes visualizar cualquier cosa que te parezca agradable.

Estos ejercicios te enseñarán sobre la Polaridad Tripartita OUT y lo que es empujar la energía OUT de la manera más natural posible.

Mientras haces estos ejercicios, puedes notar que tu poder de atención comenzará a disminuir con el tiempo. Esto es así porque tu atención, como todo lo demás en nuestra existencia humana, está basada en la energía. Una vez que gastas cierta cantidad de energía, necesitas reponerla para poder continuar.

Esto es algo que rara vez se menciona por los gurús del poder mental y es lamentable porque no saber esto puede tenerte luchando para averiguar por qué parece que no puedes mantener ese foco de atención en lo que quieres durante todo el día; como algunos de estos gurús podrían abogar. Nadie puede mantener una proyección constante de energía hacia AFUERA para siempre, al igual que no todos podemos respirar hacia AFUERA para siempre; hay un punto en el que todos nos vemos obligados a respirar HACIA ADENTRO.

Para solucionar este problema de falta de atención energética podemos hacer dos cosas;

Podemos volver a la polaridad IN para poder absorber más energía (de lo que hablaremos en el próximo capítulo)

O podemos respirar hacia AFUERA mientras visualizamos, lo que nos ayudará a canalizar la energía que nos queda en la dirección de nuestra atención y permitir que el flujo natural de la respiración ayude a revitalizar nuestra atención.

Exhalar es una forma muy poderosa y natural de aumentar la energía que estamos utilizando para realizar cualquier tarea.

Para hacer esto quiero que primero enfoques tu atención en lo que sea que quieras visualizar, como en el ejercicio anterior, y luego una vez que tengas esa visualización enfocada, quiero que trates de exhalar tan lenta y naturalmente como sea posible.

Piensa en tus pulmones como si fueran un gran vaso de agua, cuando llenas un vaso de agua, es decir, cuando inspiras, llenas este vaso de abajo hacia arriba. Y cuando quieres vaciar el vaso, es decir, cuando espiras, vacías el vaso de arriba abajo. Por lo tanto, cuando espires, quiero que sientas que el aire de tus pulmones se expulsa desde arriba hacia abajo.

Cuando tengas que inspirar, quiero que lo hagas de la forma más rápida y natural posible, de modo que llenes los pulmones desde abajo hacia arriba en una inspiración rápida. Una vez terminada esta inspiración, quiero que vuelvas a espirar lentamente e intentes mantener ese foco de atención agudo y estrecho en lo que estás visualizando.

Notarás que a medida que espires hacia afuera, el poder de tu atención se vuelve más y más pronunciado cuanto más largo puedas espirar hacia afuera; es decir, la intensidad de tu visualización aumentará a medida que tus pulmones se vacíen más y más. Este aumento se debe al hecho de que al final de la respiración hacia AFUERA, hay una mayor concentración de fuerza que se expulsa en una banda muy estrecha de la conciencia, que luego se centra por su atención en la cosa que estás visualizando.

La realización de esta respiración hacia AFUERA también puede ser muy importante cuando estás en una situación social y te das cuenta de que te vuelves algo emocional o tenso de alguna manera. Esencialmente, lo que haces es que cuando te vuelves emocional o tenso en una situación particular, respiras hacia AFUERA. Esta respiración hacia AFUERA te permite recanalizar (redirigir) la energía que estás gastando en esta indulgencia emocional hacia el foco de tu Voluntad, de manera que en lugar de gastar energía en una emoción que no te está ayudando, la estás dirigiendo hacia conseguir lo que quieres a través de la Fuerza de Voluntad/visualización.

Practica con esta técnica para descubrir qué funciona mejor para ti en cualquier situación que se te presente. Con la respiración hacia AFUERA, el cuerpo proyecta energía de forma natural hacia otras partes de sí mismo para obtener más fuerza, o hacia actividades mentales para aumentar la concentración y la intensidad. Al aprender a utilizar la respiración hacia AFUERA de forma consciente, potenciamos todo lo que hacemos.

Emoción

El elemento final detrás de la poderosa proyección de la Fuerza de Voluntad es la habilidad de canalizar las emociones. La energía emocional es tal vez la concentración más poderosa de energía que tenemos los seres humanos, y si pudiéramos aprender a aprovechar esta energía adecuadamente, podría literalmente impulsarnos a la luna.

Sin embargo, tener una emoción intensa a la orden es algo bastante difícil que puede llevar años dominar. Afortunadamente, existe una forma natural de acceder al poder de la atención, la respiración y las emociones.

Esta forma natural de acceder a nuestro poder inherente disponible a través de la Polaridad OUT es; el deseo.

Pero antes de aprender sobre el poder del 'Deseo como Acción', tenemos que aprender primero sobre el Empuje y Tire de la vida y cómo superar todos los obstáculos a través del dominio del 'Supremo Último'.

Capítulo 7. El Supremo

"Nunca he superado la creencia infantil de que el universo fue hecho para que yo lo disfrutara." - Aleister Crowley,

Cada ser humano es una colección de energía unida por una fuerza aglutinadora, que es simplemente la fuerza de la vida. A medida que esta fuerza comienza a disminuir con el tiempo, como resultado de la energía perdida y utilizada, la persona comienza a perder estabilidad energética. Esta falta de estabilidad se experimenta a través de los sentidos físicos como envejecimiento y todas las enfermedades asociadas.

Este haz de energía, mantenido unido por la fuerza vital, se le da una forma básica mediante una matriz vibratoria denominada molde humano. Este molde impone una forma básica al haz de energía y le dota de todos los conocimientos y habilidades necesarios para la supervivencia del individuo en este planeta.

Por lo tanto, los seres humanos están perfectamente diseñados no sólo para sobrevivir, sino para prosperar en este mundo. También tienen el potencial de acceder a todas las habilidades y conocimientos que puedan necesitar. Además, mientras se mantenga la Contención Energética, la fuerza que te mantiene vivo no menguará tan rápidamente, lo que significa que tienes el potencial de vivir durante mucho tiempo, mucho más que la esperanza de vida moderna.

Mientras no dejes que tu mente consciente anule este conocimiento natural, que mantiene de forma natural el flujo energético entre las tres polaridades, puedes manipular tu realidad con bastante facilidad y poder para realizarte de la forma más eficiente y natural posible.

Hay viejas historias que cuentan que en un pasado muy lejano los humanos éramos seres mágicos asombrosos. En aquella época nuestra energía fluía de forma natural y nuestra existencia era muy diferente a la vida actual. Las hazañas de percepción que la humanidad podía realizar eran legendarias y si miras algunos de los viejos manuscritos que hablan de estos antiguos humanos, notarás que se referían a ellos como "hombres legendarios" o "los grandes hombres de antaño".

Cuando esos manuscritos antiguos son de buena calidad y están bien traducidos, dejan claro que esos seres legendarios eran perfectos porque carecían de un rasgo muy importante: una mente individual. Carecían del ego tal y como entendemos el término, lo que significa que no tenían conciencia del yo.

En aquella época la humanidad no tenía una separación entre el entorno, los demás seres humanos y el yo individual. No veían un "ahí fuera", sino que eran el "ahí fuera". Eran uno con la tierra, el clima, la naturaleza y los animales. La humanidad sabía dónde era mejor vivir para evitar peligros, podía hablar con la flora y fauna con naturalidad, y podía realizar proezas de movimiento físico y perceptivo que ahora se consideran fantasía.

Pero a pesar de todo nuestro poder y habilidad, carecíamos de un yo y, por tanto, vivíamos una existencia tranquila, sin deseos ni aspiraciones.

Algunos místicos dicen que era una existencia perfecta y que todos deberíamos aspirar a volver a ella. Tales individuos tienden a centrarse en perfeccionar la Polaridad Tripartita VOID, rechazando las otras dos. Sienten que el yo individual es una aberración que debe ser destruida, y en cierto modo no se equivocan, porque el yo en el que nos hemos convertido ahora podría llamarse un tipo de aberración.

Otros, sin embargo, señalan que una parte del hombre debe haber anhelado algo más: una autoconciencia completa, el conocimiento de la verdadera conciencia individual y la realización individual. Esto, piensan, es lo que atrajo a esa presencia alienígena que se apoderó de una parte de la conciencia humana y colocó sobre ella una mente extraña, una instalación alienígena.

Esta instalación foránea le dio a la humanidad lo que había pedido: le dio un yo, autoconciencia individual. Pero al hacerlo rompió la conexión de la humanidad con todo, y el hombre, el ser mágico, desapareció; el hombre fue literalmente expulsado del paraíso.

La humanidad ya no era una con todas las cosas. Este vínculo con la naturaleza y con la realidad energética de la vida se había roto, por lo que se escondió y huyó del mundo con miedo.

A partir de ese día, el hombre y la mujer individuales se desarrollaron, convirtiéndose en la raza humana tal y como la entendemos ahora. Esta humanidad, separada del verdadero conocimiento, se encuentra ahora en una posición difícil porque se ha asustado y se considera a sí misma defectuosa, avergonzada de su propio reflejo, llena de emociones furiosas y, sin que la mayoría lo sepa, alimento para una fuerza de otro mundo.

Piensa en una época en la que la humanidad lo sabía todo, una época en la que lo comprendía todo, una época en la que podía hacer casi cualquier cosa y formaba parte de todo. Y ahora piensa en nuestro estado actual, y en lo poco que sabemos, lo supersticiosos que somos, lo divididos, lo inestables emocionalmente y, en general, lo asustados que estamos los humanos modernos.

Esta es la razón por la que los sabios nos exhortan a luchar contra esta Mente Alienígena (a la que desgraciadamente sólo se refieren como el ego) para que podamos volver a nuestro verdadero poder y a nuestro lugar mágico en la naturaleza, en unidad con la totalidad del Mar Oscuro.

Los alquimistas, sin embargo, ven las cosas de una manera ligeramente diferente. Para un alquimista, la mente extraña no es un invasor maligno que deba ser derrotado per se, sino un aliado, un aspecto natural del propio Mar Oscuro.

La humanidad pedía este cambio, una parte de sí misma deseaba esta evolución hacia una mayor realización del "yo", y el Mar Oscuro se lo proporcionó de una manera energéticamente factible:

En el reino energético, nada es gratis; si se da algo, hay que quitar otra cosa. Para conseguir este yo, la humanidad debe devolver en la misma medida. Lo que la humanidad devuelve es energía; un tipo especial de energía destilada que sólo ella puede proporcionar.

La Mente Extraña está aquí para alimentarse, para tomar de nosotros, pero nosotros también obtenemos algo de ella, obtenemos el conocimiento de la verdadera autoconciencia; obtenemos una conciencia del yo individual.

Ahora mismo puede parecer un trato bastante unilateral, la mayoría diría que nos han estafado. Pero el caso es que somos meros novatos en esto del "yo" y, como una parte silenciosa de nosotros recuerda lo que fuimos y de dónde venimos, en el fondo sabemos que nos falta algo, así que ahora añoramos algo que se perdió: ese poder que dejamos atrás.

Sin embargo, la alquimia trata de la evolución, del cambio y la purificación hacia un estado superior. Un alquimista no pretende renunciar a su individualidad para volver a encontrar el paraíso en la desilusión de sí mismo. Un Alquimista quiere su pastel y quiere comérselo también.

Un Alquimista es una criatura audaz interesada en arrancar la individualidad de su trampa actual. Quiere llevarse esa individualidad consigo al fantástico cosmos exterior.

En otras palabras, un alquimista quiere encontrar el equilibrio entre el conocimiento del yo individual y el conocimiento instintivo sin ego del "hombre legendario" del pasado. Para ello, un Alquimista necesita acumular energía y utilizar ese poder adquirido para liberarse de la Intención Extraterrestre que mantiene secuestrada su recién adquirida conciencia individual.

El Gran Mar Oscuro, en su perfección energética, ha proporcionado una manera para que una persona audaz robe esa individualidad; ha proporcionado una manera de tener individualidad sin la necesidad de la Mente Extraterrestre. ¡El camino a la libertad es a través del desafío de la vida!

Casi todas las personas de la Tierra nacen y mueren como esclavos. Las personas nacen en este mundo y poco después son adoctrinadas en un sistema diseñado para quitarles tanta energía como sea posible, hasta que llega el día en que finalmente pierden toda su energía y mueren; una burbuja de conciencia es creada por el mar agitado, se mueve un poco dentro de este mar, y es destruida por esa misma presión que creará otra burbuja de conciencia en algún otro lugar.

A lo largo de este pequeño viaje de un punto a otro del Mar Oscuro, casi todos los pensamientos que tendrá esta burbuja energética autoconsciente, no serán propios. Será un implante, un pensamiento impuesto creado por un poder extranjero que da con una mano y quita el doble con la otra.

Pero si esta burbuja de conciencia, a medida que se abre camino a través de su Ciclo Vital, puede darse cuenta de que la mayoría de sus pensamientos no son suyos y que ahora se encuentra en una trampa; puede darse cuenta de que tiene la oportunidad de tener una oportunidad. Puede darse cuenta de lo especial y capaz que puede llegar a ser, de lo infinitamente misterioso que es realmente este mundo y, lo que es más importante, de cómo puede adquirir el Potencial suficiente para hacer realidad al menos algunas de esas asombrosas capacidades.

Esta vida es nuestro reto, el lugar donde la burbuja humana autoconsciente puede perfeccionar su control energético. Si puede perfeccionar su capacidad de manipular la energía lo suficientemente bien, tiene la oportunidad de arrancar su individualidad de la Trampa Alienígena y llevar esta individualidad a viajes más allá de toda posibilidad concebible actual.

Pero, ¿cómo podemos empezar a participar en este desafío?

Una vez que tenemos la más vaga noción de que estamos en una trampa perceptiva, empezamos por hacer todo lo que podemos para escapar de esa trampa. Escapar de esa trampa significa, en primer lugar, que debemos empezar a ganar tanta energía como podamos, y luego utilizar esa energía para ayudar a perfeccionar nuestra Fuerza de Voluntad. En el mundo ordinario, esto significa que utilizamos ese poder para moldear nuestras vidas y el mundo que nos rodea de acuerdo con lo que deseamos, aquello que nos proporcionará nuestra mayor realización personal.

Para ello, me parece muy útil introducir un conjunto de técnicas que parecerían más apropiadas en el ámbito de las artes marciales que en el del poder mental o la Alquimia.

Como mencioné antes, ciertas disciplinas religiosas y filosóficas tienden a favorecer una polaridad por encima de las otras, lo que crea un desequilibrio con el tiempo, pero mencioné que había algunas que eran bastante inclusivas, de hecho, si se enseñan correctamente, podría decirse que son tratados alquímicos casi completos en sí mismos.

Una de estas disciplinas es el Taoísmo de la "Vieja Escuela". El Taoísmo es una disciplina muy antigua que implica una gran cantidad de trabajo energético y proporciona la base para la Alquimia Oriental. Los antiguos alquimistas taoístas tenían un conocimiento muy fiable y profundo de las propiedades energéticas del mundo que nos rodea, y fueron capaces de desarrollar muchas técnicas para aumentar su vitalidad y sus capacidades intelectuales.

Como parte de estas técnicas energéticas que desarrollaron durante cientos de años, sentaron las bases de lo que más tarde se conocería como el "Supremo Último".

Este Último Supremo era esencialmente una forma de combinar principios energéticos con ciertos movimientos físicos para facilitar el flujo energético y desarrollar formas de utilizar esa energía en el mundo objetivo. Al principio, este Supremo Último, que más tarde se llamaría Tai Chi, era una técnica relativamente estática en la que el practicante realizaba pequeños movimientos para mover la energía por todo el cuerpo con fines de salud, vitalidad y, finalmente, manipulación externa de la realidad para el combate y la autodefensa.

A medida que el Tai Chi evolucionó, se añadieron cada vez más movimientos físicos para ayudar a distribuir la energía por el cuerpo. Estos movimientos se convirtieron en parte del aspecto de combate y defensa personal del Tai Chi. Al principio, estos movimientos combinaban a la perfección la manipulación energética interna y externa.

En los tiempos modernos, el Tai Chi es más una meditación en movimiento que otra cosa y pocos conocen el alcance total de los aspectos internos de este estilo marcial supremo.

Uno de los aspectos más emblemáticos del Tai Chi es el modelo Yin-Yang. La mayoría de la gente está familiarizada con este concepto y aún más con la iconografía que lo describe.

Este símbolo Yin-Yang representa dos polaridades dentro de la Polaridad Tripartita que compone el sistema completo de la Alquimia. Estas dos polaridades representan:

el ENTRAR y el SALIR

el empujar y el tirar

el vacío y el lleno

el absorber y el expulsar

el blando y el duro

Como tal, se podría decir que para aprender a manipular correctamente dentro de este mundo, de acuerdo con la técnica Alquímica, debes aprender un tipo de Tai Chi; una forma más antigua, una que se basa más en la manipulación de la energía y mucho menos en la manipulación de tu cuerpo físico o de otros cuerpos físicos.

En su base, esta técnica de Manipulación Interna es muy simple porque todo movimiento energético es fundamentalmente simple. Las complicaciones vienen cuando empezamos a involucrar al ego racional y tratamos de explicar los movimientos energéticos y las verdades usando un lenguaje que nunca fue diseñado para explicar tales realidades.

Todo dentro de nuestra realidad tiene un tiempo en el que inhala, o absorbe energía de una forma u otra, y un tiempo en el que exhala, o proyecta energía desde sí mismo de una forma u otra. Incluso las cosas que parecen estar completamente estáticas todo el tiempo, como tal vez una piedra, tienen un tiempo en el que inspiran y espiran; sólo ocurre que con cosas como una piedra tales movimientos energéticos son tan lentos (en relación con nuestra línea de tiempo como humanos) que estas cosas parecen no estar vivas ni moverse físicamente de ninguna manera. Pero todas las cosas son energía y, por lo tanto, todas las cosas están vivas a su manera, en su propia frecuencia vibratoria, que dicta su propia línea temporal de existencia.

Con el fin de manipular la energía correctamente, es decir, con el fin de dar forma al mundo de acuerdo con tu voluntad, debes aprender a utilizar estas fluctuaciones de entrada y salida, porque es a través de la comprensión y el uso correcto de ellas, que puedes superar cualquier obstáculo y derrotar a los enemigos que son mucho más grandes y poderosos que tú.

En términos generales, habrá un momento en el que proyectes tu Voluntad y trates de cambiar algo a través de la Manipulación Interna, y habrá un momento en el que debas absorber energía con el fin de defenderte contra el ataque de los demás, y ganar más poder de tales ataques, para que puedas aumentar tu propia Fuerza de Voluntad (Potencial); la cual podrás proyectar con el fin de aumentar aún más la posibilidad de conseguir lo que deseas.

Puesto que ahora estamos, todos nosotros, siendo atacados por esta Intención Alienígena, comenzamos por absorber este ataque. Nos convertimos en Yin (que representa la polaridad IN), la polaridad pasiva que es hueca y no resiste el ataque al que todos nos enfrentamos. Más allá de esto, esta polaridad absorbe este ataque y hace suya esa energía que nos ataría y se alimentaría de nosotros.

Ahora conoces la técnica de la polaridad IN descrita en el capítulo 4. Comenzamos contraatacando a la fuerza alienígena no luchando en absoluto. Empezamos por absorber realmente la energía del golpe que se ha lanzado contra nosotros.

Esto significa que tenemos que empezar a absorber toda la negatividad que nos rodea.

Para hacer esto, haz lo siguiente:

Ejercicio: Absorción de la Energía Negativa

La próxima vez que sientas algún tipo de negatividad, ya sean sentimientos negativos dentro de ti, o una emoción negativa o agresión de los que te rodean; absorbe esa negatividad atrayendo esa energía hacia ti en lugar de intentar bloquearla o detenerla de alguna manera.

Siempre que nos encontramos con cualquier tipo de negatividad, ya provenga de nosotros mismos o de las personas que nos rodean, nuestra primera reacción es intentar ignorarla o bloquearla de algún modo para que no nos afecte. Algunas personas incluso intentan utilizar diferentes tipos de estrategias de autodefensa psíquica, en las que se les enseña a crear algún tipo de escudo a su alrededor o a inundarse de luz blanca o algo similar. Todas estas estrategias se basan en la premisa básica de que la forma de defenderse de algo es bloquearlo de alguna manera.

Los escudos psíquicos o los campos de fuerza de un tipo u otro no funcionarán a largo plazo. La creación de tales escudos requiere energía y concentración de la atención, lo cual es muy agotador energéticamente. Así que a menos que tengas un suministro inagotable de energía, que ninguno de nosotros tiene, llegará un momento en que tus escudos fallarán a medida que tu energía disminuya. Además, estos escudos no pueden detener todos los ataques; por ejemplo, si un ataque es lo bastante potente, atravesará el escudo.

Otra de las técnicas favoritas para enfrentarse a la negatividad de la vida es ignorarla. Aunque es posible lidiar con cierta negatividad ignorándola para no agotarte y alimentarla con más energía a través de tu atención, llega un momento en que tendrás que enfrentarte a estos problemas porque rara vez desaparecen por sí solos; sólo se enconan. Ciertamente, si se trata de algún tipo de negatividad leve, existe la posibilidad de que puedas ignorarla y esperar que se reduzca naturalmente en poder energético, y desaparezca con el tiempo. Pero muy a menudo estas cosas negativas son impulsadas por una creencia interna personal que no puede ser ignorada, o son impulsadas por una intención externa; como en el caso cuando alguien te odia, te teme, o quiere vencerte en una cosa u otra. En tales casos, esta negatividad sólo crecerá si se ignora, porque no tendrá nada que le impida acumularse en una forma energética masiva.

Es mucho mejor absorber la energía de cualquier ataque o negatividad personal que puedas enfrentar. De esta manera esa energía puede ser recanalizada en un contraataque mucho mayor, o en cambiar la creencia o situación de vida que está causando esta negatividad.

La mejor forma de hacerlo es realizar la misma técnica descrita en el Capítulo 4, pero esta vez extrayendo no sólo la energía psíquica de todo lo que te rodea, sino toda la negatividad; aspirando todos los pensamientos, sentimientos e intenciones negativas que tú y los demás estáis proyectando.

Incluso puedes absorber situaciones negativas, de modo que en lugar de enfadarte, entristecerte o asustarte cuando ocurre algo malo, absorbas toda la energía que puedas de ti mismo y de esa situación. Puedes decirte a ti mismo que vas a aspirar toda la energía negativa que está causando esa situación; y lo haces utilizando la técnica que te enseñé en el capítulo 4.

Una buena técnica complementaria que puedes combinar con la técnica de absorción directa de energía es utilizar afirmaciones. Por ejemplo, cuando tengas un pensamiento negativo o estés sintiendo negatividad que deseas absorber, puedes decirte a ti mismo: "Tomo esa energía dentro de mí, la convierto en mi energía y dreno esta situación negativa". Con esta afirmación tu intención se vuelve bastante clara y como resultado se vuelve mucho más fácil absorber esa energía que deseas recuperar.

Dos puntos que son muy importantes aquí y que deben ser considerados muy cuidadosamente cuando se trata de convertirse en un adepto a esta técnica de absorción alquímica son:

Para poder transmutar esta energía, para poder tomar esta energía negativa y convertirla en energía positiva para ti, necesitas ser capaz de mantener una postura depredadora: sentir que te conviertes un poco en un depredador cuando estás practicando esta técnica de absorción de energía. No necesitas convertirte en una especie de bestia salvaje o en un vampiro de cualquier tipo, pero necesitas sentir que la energía que estás absorbiendo es tuya; que la has tomado del mundo y que ahora es tu alimento.

Esta actitud es necesaria porque para absorber toda esta negatividad, especialmente la negatividad de otros y de la Intención Alienígena que impulsa la mayor parte de esta negatividad, necesitas vencer y desviar la corriente que impulsa esta energía.

Verás, la energía es energía; no existe tal cosa como energía negativa o energía positiva. Todo es energía y toda energía puede ser absorbida y utilizada como desees. La intención, aunque es un tipo de energía en sí misma, es como un tubo que enfoca esa energía y le da un propósito; es lo que la convierte en buena o mala desde nuestra perspectiva humana.

Para hacer uso de esta energía adquirida, primero tienes que absorberla, pero también tienes que neutralizar el poder de la intención (tubo de enfoque) que ha dado forma al flujo y a la composición de esa energía. Quieres mantener la energía y remodelar el tubo de intención que le ha dado forma.

Lo haces viéndote a ti mismo como un depredador, como una criatura vorazmente hambrienta que toma lo que le ofrece el mundo, y ahora se está comiendo lo que ha capturado limpiamente. Así que mientras absorbes esta energía negativa, venga de donde venga, siente cómo se filtra en ti, y mientras lo hace, adúeñate de ella, rómpela, hazla tuya, consúmela para tu propio propósito.

La absorción de TODA la energía es prudente. Lo que esto significa es que incluso la energía que se considera positiva a menudo puede ser altamente debilitante. Por ejemplo, algunos te harían creer que grandes arrebatos de puro amor o felicidad te permitirán de alguna manera conseguir todo lo que quieres, y que la energía positiva sólo puede crear cosas positivas.

La cuestión es que esta vida no orgánica de la que hablo, que se alimenta de la energía destilada de la humanidad, no sólo está interesada en la energía negativa; está interesada en TODA la energía.

Así que verás esta vida depredadora no orgánica alimentándose de la guerra y la tribulación, y también la verás alimentándose en medio de "INS de amor", hermosos conciertos, y en cualquier lugar donde cualquier tipo de emoción esté siendo expulsada en grandes cantidades.

Esto es tan importante y crítico que creo que debo dejarlo muy claro. Grandes estallidos de emociones positivas alimentan esta forma de vida depredadora Alien tanto como lo hacen los estallidos de emociones negativas.

¿Por qué entonces esta Fuerza Extraterrestre depredadora no llena el mundo de amor y bondad para que pueda alimentarse y todos podamos ser felices también?

Sencillamente, la negatividad crea conflictos que un organismo debe superar y en el esfuerzo se crean más conflictos, mientras que el amor y la alegría crean complacencia, que en realidad no es más que otra palabra para la inercia energética. Si quieres movimiento, si quieres evolución de la energía, necesitas lucha. Si te alimentas de la destilación energética de otras formas de vida conscientes, cuanto mayor sea la lucha, mejor será la destilación energética creada.

Además, la realidad es que las emociones negativas son mucho más fáciles de crear y tienden a ser mucho más satisfactorias energéticamente porque son expulsadas de los cuerpos energéticos con una gran cantidad de fuerza, lo que es muy diferente a los estallidos energéticos radiantes que se crean a partir de emociones más positivas.

Debe entenderse, sin embargo, que perderse en algún tipo de arrebato amoroso de indulgencia emocional puede ser tan agotador para nosotros como el arrebato de una emoción negativa.

Lo que decidas experimentar y absorber en tu vida es, al fin y al cabo, tu elección personal.

Es muy posible ingerir sólo emociones negativas y expresar al máximo todas las emociones positivas. De esta manera una persona puede tener una vida bastante feliz, absorbiendo toda la energía negativa a su alrededor y utilizando esa energía para crear más positividad para sí misma y para los demás.

Los Alquimistas, sin embargo, están interesados en la absorción de todas las llamaradas energéticas. No están interesados en una vida feliz per se, están mucho más interesados en la libertad abrumadora que puede ser encontrada al dejar ir completamente esta frecuencia vibracional que llamamos realidad humana normal, y el tipo de emociones que pueden ser sentidas aquí. Están mucho más interesados en los reinos épicos que se encuentran ahí fuera.

Pero, ¿qué se hace una vez que se absorbe toda esta energía? ¿Adónde va a parar? ¿Cómo la guardas para poder utilizarla más tarde a tu antojo?

Mientras absorbes el golpe de la intención Alienígena, lo que necesitas hacer, mientras sientes esta energía pulsando y moviéndose dentro de ti, es almacenarla profundamente dentro de ti para que pueda ser usada más tarde por ti efectivamente. Dentro de todos nosotros, en el centro mismo de nuestro cuerpo, existe un punto de recogida natural donde podemos almacenar la energía personal; es aquí donde debes almacenar tu energía.

La ubicación de este punto de recolección varía en las personas, pero suele estar alrededor del mismo lugar donde imaginamos que está nuestro estómago cuando tenemos hambre. Este punto de recolección puede ser usado para almacenar energía como un tipo de "Caldero". De hecho, este es el antiguo caldero alquímico que los "Vendehumos" más tarde creyeron que era una verdadera piedra de la vida real y el mortero o caldero de acero. Pero este caldero no es un objeto real ahí fuera, es un lugar dentro del paquete energético humano.

Así que mientras succionas la energía y la negatividad a tu alrededor, deberías ser capaz de sentir un tipo de tensión o quizás incluso un tipo de vibración eléctrica recorriendo tu cuerpo. Canaliza esta tensión hacia el centro de tu cuerpo, hacia este Caldero, e imagina que esta tensión se acumula allí creando un poderoso orbe de energía brillante.

Puedes ayudar a anclar este orbe de energía en esta posición centrando tu atención en él e imaginando que se vuelve más denso, más apretado y más brillante. Con un poco de práctica, podrás sentir este Caldero interno y la acumulación de tu energía personal allí.

Centrando tu atención en este orbe, contendrás esta energía y desarrollarás tu Caldero interno. Esta energía se empaquetará bien y estará lista para que la utilices siempre que la necesites. No te preocupes si sientes que esta energía se ha dispersado un poco después de no haber prestado atención a tu Caldero durante un tiempo. Esta energía extra se ha dispersado a través de tu cuerpo, pero puede ser fácilmente devuelta a un poderoso orbe de energía a través del acto de enfocar la atención.

Sigue absorbiendo más y más energía. Absorbe toda la negatividad que sientas a tu alrededor, de cualquier manera que sientas personalmente esta negatividad. Absorbe todos los pensamientos negativos que pasan por tu mente, y todos los sentimientos negativos que puedas experimentar a lo largo del día. Absorbe tu duda, absorbe tu ego (al menos los aspectos negativos que no te gustan), absorbe todas las cosas negativas de las que deseas deshacerte, absorbe toda la negatividad de los demás, absorbe toda la negatividad del mundo que te rodea, y utiliza esa energía para alimentar ese orbe que debería ser cada vez más grande dentro de tu Caldero.

Mantén y purifica esta energía a través de tu postura depredadora diciéndote constantemente internamente (y creyendo), que esta es tu energía que has tomado, que has comido, que es nutritiva, y que ahora está lista para que TÚ la uses. Tuya. Tu energía. Ahora.

Este es el aspecto Yin de la técnica Yin-Yang. Absorbemos el golpe y tomamos la energía de él en nosotros mismos para poder contraatacar con ella y ganar la batalla.

Una vez que dominamos el aspecto Yin, tenemos que pasar al aspecto Yang, aprendiendo a extender nuestro poder. Esto significa que empezamos a ejercitar nuestra Fuerza de Voluntad, y con el tiempo nuestra Intención, a través del dominio de la polaridad OUT.

Capítulo 8. El Deseo

El pergamino Ripley nos dice: "Y haz de ellos un matrimonio puro entre el marido y la mujer". Puede resultar abrumador pensar que somos alimento para una fuerza alienígena. El miedo y la ira son comprensibles, pero estas emociones pueden debilitarnos. Tal indulgencia emocional agota a una persona y exacerba la verdadera fuente del problema: el sentimiento de impotencia absoluta que surge de tales contemplaciones.

Sentirte impotente es terrible, y saber que este planeta es una prisión puede enloquecer a algunos. Quizás por eso muchos grupos secretos ocultan este conocimiento. Pero creo que esto subestima tu potencial.

Los humanos no son débiles ni impotentes, simplemente no se les ha enseñado cómo ser fuertes ni por qué es crucial fortalecerse.

La Voluntad o Fuerza de Voluntad es un poderoso "contragolpe" contra la Intención Alienígena que subyuga a la humanidad. Dominando la polaridad OUT, el dominio de la Voluntad personal, puedes luchar contra la negatividad que controla tu mente y volver a-esculpir cada aspecto de tu vida para mejor mediante la redistribución consciente de la energía personal.

Si la Polaridad Tripartita IN es tu escudo, entonces la Polaridad Tripartita OUT es tu espada o Varita Mágica.

La Fuerza de Voluntad es la habilidad (la fuerza energética requerida) para mantener un punto de vista particular y el foco de tu atención en una meta, idea, pensamiento o evento deseado, el tiempo suficiente para incrementar la intensidad de la energía presente dentro de ello.

La Fuerza de Voluntad es la energía necesaria para mantener este foco de atención. Para tener una Voluntad fuerte, necesitas acumular Fuerza de Voluntad como energía bruta del entorno, como discutimos en el capítulo anterior sobre el aspecto Yin del arte de combate Supremo Último.

Con suficiente energía potencial, puedes proyectarla para transmutar una cosa en otra o manifestar algo completamente nuevo. La habilidad de transmutar es básica para los Alquimistas y metafóricamente representa convertir lo burdo en sublime, lo malo en deseado. La transmutación ocurre constantemente, y cuanto mayor sea tu Potencial energético, más poderosas serán esas transmutaciones.

En el sentido más básico, cambiar un pensamiento en otro es transmutación. Imagina una cáscara de plátano convirtiéndose lentamente en una preciosa flor, o un sentimiento triste volviéndose feliz. Lo importante es ver la transformación, no superponer un pensamiento sobre otro.

Superponer pensamientos crea una batalla mental y es energéticamente ineficiente. La transmutación usa la energía presente en el pensamiento para cambiarlo mediante la Fuerza de Voluntad, sin lucha.

La manifestación es una transmutación de orden superior: tomar un pensamiento y hacerlo real según la percepción sensorial humana, convertir la idea de una flor en una flor objetiva que otros puedan experimentar con sus sentidos.

La línea que separa lo manifestado de lo no manifestado es amplia y difícil de precisar. ¿Cuándo algo se vuelve real? ¿Cuándo se experimenta con los sentidos externos? ¿Con cuántos sentidos?

Si visualizas un limón y al cortarlo y exprimirlo empiezas a salivar, ¿es ese limón más real por provocar una respuesta física?

¿Algo se vuelve real cuando una autoridad lo declara así, como los alunizajes o el calentamiento global según los científicos?

¿O tal vez la realidad se crea cuando muchas personas creen en algo? ¿Cuántos creyentes se necesitan?

Definir esa línea es complicado.

La manifestación es la transición de un lado a otro de esa línea. Un sirviente, un pensamiento al que se da cada vez mayor forma y masa energética mediante una atención enfocada, es quizás el mayor ejemplo de manifestación. Estas "Formas de Pensamiento" pueden realizar tareas complejas, actuar independientemente si no se mantienen adecuadamente, e incluso ser vistas por otros cuando su masa energética se vuelve lo suficientemente densa.

En la vida cotidiana, es posible manifestar casi cualquier cosa dependiendo de la energía disponible y tu capacidad de proyección. Distinguir entre Manifestación y Transmutación suele ser difícil y poco práctico, a menos que tengas un profundo interés en el poder mental.

Por ejemplo, ese billete de veinte dólares que encontraste, ¿se manifestó a partir de un pensamiento o llegó a tu bolsillo mediante una sincronicidad creada por tu Intención que transmutó ciertos acontecimientos?

Sean transmutaciones o manifestaciones, la Polaridad Tripartita OUT se ocupa de ello. Ejercer la Voluntad es crucial porque con suficiente energía puedes proyectarla para crear casi cualquier cambio interno (subjetivo) o externo (físico) que desees. Cuanta más energía impulses hacia un deseo, más probable será que se haga realidad.

Cuando un evento deseado sucede, significa que una "corriente" ha sido creada en el Mar Oscuro. Una corriente representa que un deseo interno se ha convertido en realidad externa, que la Voluntad del Mar Oscuro ha cambiado para adaptarse a tu Voluntad de Alquimista.

La Voluntad es la fuerza que da dirección a tu energía. Puedes tener mucha energía, pero sin dominar la Fuerza de Voluntad (la polaridad OUT), eres como una estrella brillante atrapada en una órbita que no has elegido.

Incluso la "Iluminación" descubierta mediante la polaridad VOID es inútil sin la polaridad OUT, porque después de obtener nuevo conocimiento, debes manipular la energía para convertirlo en verdadero poder y libertad.

Todas las polaridades son importantes. No puedes sólo atraer o mantener energía, porque eso no conduce a una vida más grande, sino a la disolución o estasis energética. Para evolucionar realmente, NECESITAS utilizar la energía para realizar todo tu potencial, porque sin esto, la iluminación y la autoconciencia se convierten en una pesadilla: la del hermoso pájaro atrapado en una jaula de oro.

Como ser supuestamente autoconsciente que refina tu ser personal, es imperativo que asumas la responsabilidad de tus acciones y vida. Al hacerlo, tomas conciencia de ti mismo, de tus acciones y de las decisiones que te impulsan hacia tu mayor autorrealización. Este viaje hacia la autorrealización es el aprendizaje de cómo manipular la energía enfocando tu atención.

Este viaje es natural. Te pide ser más tú mismo y realizar tus sueños más grandes. Te lleva de ser una criatura reactiva no consciente a un ser plenamente consciente. Para ello, debes dejar de actuar como si el mundo te debiera algo, dejar de ser tan inconsciente y asumir toda la responsabilidad de crear el mundo que quieres. Lo haces responsabilizándote de tu esencia energética y, en última instancia, de tus acciones internas: los pensamientos que pasan por tu cabeza y dónde pones tu atención.

En cuanto a hacer lo correcto, para un Alquimista lo que importa es hacer lo más energéticamente eficiente. Un Alquimista sabe que en el gran esquema no hay bueno o malo, y sin embargo, desde una perspectiva humana, un Alquimista energéticamente eficiente siempre hace lo correcto, aunque nunca intente ser bueno o malo.

Esto es así porque la impecabilidad (la Contención Energética perfecta) está directamente relacionada con la acción correcta.

Eficacia/Contención energética = acción correcta.

También hay que señalar que, dentro de todos nosotros, hay una comprensión casi inconsciente de que hay más en la vida y en realizar nuestros valores que la felicidad sin fin y la acumulación de riqueza material. Realizarnos a veces significa que una parte de nosotros desea luchar y empujarse hasta límites que no creemos poder superar.

Creo que crecerás mucho si usas el poder de la polaridad OUT para desarrollar habilidades que te permitan tener una mejor visión de la condición energética humana y del Cosmos que nos rodea. Tales prácticas pueden ayudarte a cumplir deseos espirituales. Estas habilidades pueden desarrollarse deseando y usando la polaridad OUT para expandir tu conciencia, para convertirte en un poderoso pensador, soñador y adepto a las Experiencias Fuera del Cuerpo.

Una vez que tienes una idea general de lo que deseas, o al menos una pista básica de lo que podría llenar tu vida, tienes una dirección para dirigir tu dominio de la polaridad OUT. Lo haces empujando la energía OUT mientras te enfocas en lo que deseas, manteniendo ese foco el tiempo necesario para transmutar o manifestar plenamente los acontecimientos o ideas. Este es el principio Yang realizado impecablemente.

Te pedí realizar ejercicios de visualización para demostrar el poder de tu atención. Tales visualizaciones son el núcleo básico de toda proyección energética y representan la aplicación práctica de:

pensamiento + energía/chi/ki/prana/Vril/etc. = transmutación/manifestación

Al describir cómo realizar estos ejercicios, probablemente notaste que usé varias veces la palabra "deseo". Espero que esto haya sido un indicio de lo natural que es todo el movimiento energético OUT. En pocas palabras:

El deseo es acción.

Cuando empujamos energía fuera de nosotros mismos, cuando ejercitamos nuestra fuerza de voluntad, ejercitamos el aspecto más fundamental de la conciencia individual del "yo": estamos deseando. Por lo tanto, como seres naturales, movemos energía a través de nuestro deseo:

El deseo es acción.

Cuando deseamos hacer algo, sin importar la emoción subyacente o la falta de emoción:

El deseo es acción.

Desear es crear un foco de atención. Esta acción interna también mueve naturalmente energía extra hacia la manifestación de lo deseado, y nuestras emociones se unen a este esfuerzo, haciendo del deseo un acto muy poderoso.

Respirando ALTO y aprendiendo a enfocar la atención como un láser en una cosa, al mismo tiempo que se emplea el sentimiento de deseo, una persona puede aportar gran fuerza. Esta poderosa explosión de energía es la mejor manera, en mi opinión, de usar la polaridad OUT para conseguir lo que uno quiere.

Utilizando la técnica tripartita de:

atención-respiración EXTERIOR y el **sentimiento de deseo**

En otras palabras, desear activa y fuertemente lo que quieres te permitirá conseguirlo, dependiendo de cuánta energía hayas podido adquirir y bombear hacia esa cosa o acontecimiento deseado.

Desea de esta manera durante todo el tiempo necesario para cambiar las corrientes de ese Mar Oscuro. A veces se necesita mucha energía para cambiar las corrientes, y a veces tales cambios ocurren casi instantáneamente. Saber cuán difícil será cambiar algo de acuerdo con tu Voluntad es imposible de juzgar. Lo mejor es esforzarte al máximo, y saber que obtendrás mejores resultados con un dominio impecable de las tres polaridades que permiten atraer energía, contenerla y expulsarla con gran concentración. Todo lo que queda entonces es el largo camino hacia la evolución personal mediante la realización de valores.

Muchas personas se preguntan por qué no obtienen los resultados que desean al practicar técnicas de poder mental. Como mencioné, la mayoría de los maestros que enseñan estas técnicas tienden a abogar sólo por perfeccionar la visualización, pero rara vez mencionan la necesidad de empujar energía hacia ese deseo y el poder del deseo en sí.

E incluso cuando mencionan estas cosas, rara vez mencionan que todos esos éxitos en las técnicas de poder mental se deben a la cantidad de energía a la que esa persona tiene acceso. Espero haberte ofrecido una explicación mucho más clara de lo que está en juego.

Además, me parece importante señalar qué ocurre cuando proyectamos energía, es decir, cuando usamos la fuerza mental, la Fuerza de Voluntad, para cambiar algo en nosotros mismos o en nuestro entorno. A menudo la gente asume que si visualiza lo suficiente o con suficiente detalle, cualquier cosa que visualice se hará realidad. Tales nociones son erróneas porque no tienen en cuenta que la mayoría de la gente dispone de muy poca energía. La mayoría tiende a tener mucha menos energía de la que sospecha, como resultado de toda una vida de consumo por parte de la Fuerza Extraterrestre.

La mayoría de estas clases modernas sobre poder mental, e incluso las versiones más actuales de entrenamiento mágico, tienden a pasar por alto cualquier tipo de adquisición energética. Tanto las técnicas modernas de manifestación como las escuelas de práctica mágica no enseñan sobre la adquisición y el mantenimiento de la energía. A lo sumo tienden a confiar en fortalecer su voluntad evocando o invocando algún tipo de deidad. Aunque tales técnicas pueden funcionar hasta cierto punto si se hacen correctamente, es mucho mejor aprender a adquirir energía de una forma más directa.

Lo que rara vez se menciona es que todos los pensamientos y, por tanto, todos los actos de intención se manifiestan. Sin embargo, la mayoría no se da cuenta de que no todas las Manifestaciones o Transmutaciones ocurren en lo que llamaríamos realidad consensual objetiva. De hecho, este mundo no es más que uno de muchos, y nuestras intenciones dentro de él se propagan a través de este mundo y de muchos otros.

Lo que esto significa es que el hecho de que algo no se haya manifestado aquí, en este mundo físicamente objetivo, de una forma de la que seamos conscientes, no significa que no se haya manifestado en una realidad alternativa y más fluida. A menudo tu Fuerza de Voluntad no es lo suficientemente fuerte como para provocar una transmutación/manifestación completa en este mundo, pero puede ayudar a alterar otros mundos y, de hecho, tus pensamientos ayudan a sembrar otros universos de los que no eres consciente.

Todos tus pensamientos se manifiestan en un grado u otro, seas o no consciente de ello. Pero si quieres asegurarte de que tus intenciones se materializan dentro de este mundo objetivo en el que todos encontramos un mínimo de consenso, entonces debes reforzar tu dominio de la polaridad OUT.

Para ello debes descubrir cómo el deseo se convierte en acción y cómo puedes utilizar este poder junto con tu atención enfocada y el control de tu respiración, para conseguir lo que quieres aquí y ahora!

El Deseo sin compromiso

Tom Robbins expresó sabiamente: "La lógica sólo le da al hombre lo que necesita... La magia le da lo que desea."

Vivir, estar vivo, es el acto de desear. A veces, este deseo no es en absoluto un acontecimiento emocional y no representa necesariamente una dependencia emocional. El deseo es un aspecto fundamental de ser una criatura viva; una entidad consciente de sí misma dentro del Mar Oscuro.

Un deseo representa una profunda necesidad interna con la que nace todo ser consciente de sí mismo. Esos deseos están directamente relacionados con la conciencia continua y la evolución personal, lo que se conoce como el deseo de la realización de los valores personales. Esta "necesidad" de satisfacer las necesidades y los valores personales está, en realidad, directamente relacionada con deseos aparentemente más bajos, como la necesidad de comida y cobijo. Todo deseo satisface tu desarrollo personal y el hecho de que consideres tales deseos necesidades o valores no importa realmente al final, porque todos estos deseos te hacen avanzar.

El deseo es la mayor fuerza evolutiva del mundo

Sin embargo, los deseos suelen verse como algo negativo. Tal vez uno de los ejemplos más claros de hasta qué punto se desprecia el deseo humano pueda verse en ciertas prácticas religiosas. Por ejemplo, el budismo afirma que el deseo es la causa de todo sufrimiento, y uno de sus preceptos fundamentales es deshacerse de todos esos deseos para alcanzar la libertad a través de la disolución del yo.

Pero como he dicho, purgarte de los deseos es purgarte de la vida, porque desear es una consecuencia natural de estar vivo y ser consciente de ti mismo. Esto es así porque toda forma de vida debe expulsar energía de sí misma, del mismo modo que debes respirar, lo cual es la consecuencia de respirar. Si este ciclo IN/OUT se detiene, mueres.

Dejar de desear, detener cualquiera de las tres polaridades, significa un truncamiento de la energía que destruirá el sistema vivo con el tiempo.

En un nivel básico, este "deseo" por parte de algunas filosofías y religiones de dejar de desear, proviene del "deseo" de dejar de perder energía hacia el Intento Alienígena. Esta técnica de detener el deseo es realmente una técnica creada para impedir que la Intención Alienígena consuma tu esencia energética emocional.

Esta Intención Alienígena pone pensamientos en tu cabeza; crea deseos aparentemente extraños en tu corazón. Estos deseos no crean la realización de tu valor personal, sino que sólo están diseñados para causarte más y más estrés emocional, del que se alimenta esta forma de vida alienígena depredadora.

El "deseo" de no desear es algo razonable cuando se mira desde ese punto de vista. Sin embargo, tal admonición de dejar de desear no puede durar para siempre y llegará un momento en que el deseo de no desear se quedará sin energía. Cuando esto ocurra, todo tipo de aberraciones mentales consumirán tu mente.

En el mejor de los casos, una religión te enseña cómo meditar y cómo utilizar esa energía extra adquirida a través del no-deseo (que es una forma de Contención Energética) para alcanzar mayores formas de habilidad y consciencia personal a través del uso de la polaridad OUT. Sin estas enseñanzas, este tipo de práctica religiosa se convierte en estasis energética, que es un tipo de muerte lenta. Desafortunadamente, tales enseñanzas dentro de un contexto religioso, normalmente sólo se enseñan a miembros de alto rango de órdenes especiales dentro de esas religiones.

Mi creencia personal, y creo que también la comparten muchos alquimistas, es que descubrir la diferencia entre los deseos que satisfacen valores y los que son de origen alienígena, es algo muy difícil y que en su mayor parte es un desperdicio de energía. Esto es así porque las complejidades del Mar Oscuro están más allá de tus capacidades perceptivas; tanto si te crees iluminado como si no.

Dentro del Mar Oscuro no eres más que un átomo insignificante dentro de átomos, todos una parte de la infinitud de Ahí Fuera; no eres nada y el Mar Oscuro lo es todo. No puedes conceptualizar cómo te realizas o cómo el Mar Oscuro te proporciona aquellas cosas que podrías necesitar para realizarte de la mejor manera posible. Los entresijos de la causalidad que emplea están más allá del espacio y del tiempo y, por tanto, de tu juicio.

Cuando deseas algo, como algún delicioso bocado dulce y decadente para aplacar tu gula, o dinero para aplacar tu avaricia, crees que estos deseos son malvados de alguna manera. Pero estos supuestos deseos malignos podrían representar en realidad tu mejor camino hacia la realización de tus valores personales y tu evolución. Incluso se da el caso de que estos deseos aparentemente "malos", y las formas en que el Mar Oscuro los satisface, o no, van construyendo un camino personal y una realidad que no sólo te satisface a ti a largo plazo, sino que también satisface una parte del Mar Oscuro, por pequeña que sea tu intención individual en comparación con el vasto Mar Oscuro que te rodea.

Como tal, te pido que tomes un deseo, uno que hayas estudiado usando tu mente crítica, uno que creas que es bueno para ti y también bueno para todas las personas que te rodean si es posible, y te pido que trates de cumplir ese deseo con la mejor de las intenciones, porque es a través del cumplimiento de este deseo que encontrarás el camino elevado hacia la transmutación Alquímica y la libertad personal.

Por ejemplo, intenta perfeccionar el dominio de la polaridad OUT contemplando cómo transmutar en existencia algo que podría considerarse un objetivo a largo plazo, como tener más dinero.

Puesto que espero que hayas empezado a utilizar la polaridad IN, consumiendo toda la energía negativa posible del mundo que te rodea, ahora habrás eliminado esta negatividad del mundo, lo cual es algo muy positivo en sí mismo. Además, es posible que también hayas empezado a almacenar esta energía para poder utilizarla ahora para mejorarte a ti mismo y a los demás. Has tomado algo malo del mundo y ahora tienes energía extra que puedes usar para transmutar/manifestar algo que deseas.

Después de que sientas que tienes una cantidad relativamente grande de esta energía ingerida a tu disposición, lo que quiero que hagas es simplemente seguir tus inclinaciones naturales y desear.

Lo que esto significa es que, cuando realmente quieres algo, cuando realmente lo necesitas, empiezas a desear esa cosa. Por lo tanto, quiero que te tomes un tiempo cuando tengas tiempo, preferiblemente en un lugar tranquilo, y empieces a desear eso que quieres.

¿Cómo hacerlo?

Bueno, piensa por ejemplo en lo que es desear una comida deliciosa.

Normalmente, cuando realmente quieres comer algo delicioso, tiendes a centrar mucha atención en ello. Si tienes ciertas creencias negativas sobre la comida en particular que deseas, puede que te reprendas por desear esa comida, en cuyo caso entonces deseas no desearla. En toda esta combinación múltiple de deseos, liberas una gran cantidad de emociones.

El deseo ocurre todo el tiempo y adopta muchas gradaciones de forma, y como ya habrás adivinado, el deseo de anular un deseo sigue siendo un deseo.

Como resultado de las muchas creencias negativas que tienes sobre los deseos y el acto de desear en sí mismo, muchas de las cuales son el resultado de la Mente Alienígena, por supuesto, no te permites participar naturalmente en este poderoso pero simple acto, que te ayudaría a conseguir muchas de las cosas que harían tu vida mucho mejor.

Piénsalo, ¿cuándo fue la última vez que te permitiste desear algo sin compromiso? ¿Cuándo fue la última vez que realmente te permitiste desear algo sin sentir culpa de un tipo u otro?

Aparte de estos sentimientos de culpa, y de los muchos memes sobre lo que está bien y lo que está mal, lo que ocurre a menudo es que siempre te empuja a la acción física lo antes posible.

A todos se les dice desde su infancia que nada se consigue deseándolo, que si quieres algo tienes que trabajar para conseguirlo, y lo que esto significa realmente, por supuesto, es que no puedes conseguir nada a menos que trabajes duro físicamente para conseguirlo. Esta creencia/meme está muy extendida porque para la persona media lo único que importa es la acción física externa. A la gente se le enseña desde temprana edad que lo único que realmente funciona es el trabajo físico, y como resultado pocos han intentado alguna vez simplemente desear aquellas cosas que quieren, y aún menos saben cómo desear correctamente.

Por lo tanto, te reto a desear algo, a desearlo con todo tu corazón, sin necesidad de realizar ninguna acción física. Sólo dedícate al acto de desearlo con todo lo que tienes.

Esto es acción interna.

Esta acción interna es la responsable de que consigas todas las cosas que deseas conscientemente.

La gente puede mirar atrás en sus vidas y racionalizar cómo consiguieron algo. La mayoría de las veces utilizarán un tipo de causalidad mecanicista limitada para probarse a sí mismos y a los demás que fue sólo a través del trabajo físico que fueron capaces de conseguir lo que querían. Te dirán que no fueron capaces de conseguir lo que querían hasta que crecieron, se deshicieron de sus sueños infantiles y se pusieron a trabajar duro, de forma manual y muy "sin dolor no hay ganancia".

A menudo olvidan, sin embargo, que para encontrar un trabajo, para encontrar una salida creativa a un dilema, para inventar algo nuevo, o incluso para encontrar la fuerza de voluntad para poder dedicarse a todo este trabajo físico durante mucho tiempo, tuvieron que desear que todo esto existiera, y tuvieron que mantener ese deseo para poder aguantar.

Pasan por alto ciegamente todo el impulso interno, las sincronicidades (suerte) y los momentos eureka que fueron la base de la manifestación de sus deseos.

El acto de desear es la fuerza que te permite dar forma conscientemente a tu vida, y estos deseos son una constante, niegues o no su existencia. Si deseas un trabajo porque crees que es la única manera de conseguir lo que deseas en última instancia (dinero quizás), entonces encontrarás ese trabajo de la manera que deseabas encontrarlo, y este trabajo será un duro trabajo manual (o mental) si eso es lo que deseas inconscientemente. Porque hay que darse cuenta de que muchas de las cosas malas que se te presentan son el resultado de deseos inconscientes y a veces no tan inconscientes.

Estas transmutaciones y manifestaciones inconscientes aparentemente negativas creadas a través del deseo, suceden cuando crees algo más allá de toda sombra de duda y ni siquiera puedes contemplar que las cosas podrían ser diferentes. Tal creencia es entonces una creencia ciega; una creencia que está oculta porque incluso contemplar que podría estar equivocada es impensable.

Si crees que el trabajo duro es la única forma de conseguir grandes sumas de dinero, entonces desearás ese trabajo duro, tanto si te das cuenta de ello a nivel consciente como si no. Todos estos deseos, en un grado u otro, se moldearán en tu existencia personal de acuerdo con todas las fuerzas que están afectando a tu vida en este momento.

Las creencias personales son las estructuras subyacentes que dan forma a tu vida, controlan la dirección de tus pensamientos y tu atención y, si no se examinan, dirigirán tu vida en una determinada dirección inconsciente. La creencia es el andamiaje de tu vida, pero el deseo es el brazo ejecutor; el deseo es la fuerza, consciente o no, que convierte los sueños en realidad.

Algunas personas se enfadarán por la terminología que utilizo aquí, ya que podrían argumentar que son las expectativas, y no el deseo, lo que te lleva a conseguir lo que quieres. Podrían argumentar que es la verdadera expectativa de una cosa lo que hace que se manifieste, no el deseo.

Pero esto es de nuevo un problema de lenguaje en el que es difícil describir realidades internas usando un lenguaje diseñado para un mundo externo:

Desde una perspectiva energética (es decir alquímica), la expectativa es un sentimiento puente que comienza a señalar un cambio de tu Voluntad personal a la Voluntad del Mar Oscuro. Es el sentimiento que se apodera de ti cuando tu acto de desear se prolonga lo suficiente o es de tal intensidad que el deseo personal se convierte en una corriente dentro del Mar Oscuro.

Cuando el deseo personal, que es Fuerza de Voluntad, se convierte en una corriente en el Mar Oscuro, significa que el deseo (o Voluntad) se ha convertido en intención. Una corriente en el Mar Oscuro representa una fuerza en movimiento que empujará y cambiará el mundo. El deseo ha dejado de ser una ensoñación personal y se ha convertido en una fuerza real que cambia el mundo, igual que una ola puede golpear una línea costera y cambiar esa línea costera con el tiempo.

La intención, por tanto, es el deseo convertido en ley, en algo que debe suceder, en una fuerza externa que saldrá y cambiará las cosas de acuerdo con tu Voluntad. Y la expectativa es un sentimiento subjetivo que "a veces" indica que este cambio de Voluntad a Intención está ocurriendo.

Pero es muy importante darse cuenta de que la Expectativa no es una fuerza activa. Mucha gente dice: "si lo esperas, vendrá, así que espéralo ahora mismo". Pero la Expectativa no es una fuerza, es un sentimiento intuitivo que tienes 'a veces' cuando sabes cuando tu deseo se ha vuelto lo suficientemente intenso energéticamente como para transformarse en una orden que el Mar Oscuro llevará a cabo. Así que, cuando la gente dice "espéralo y lo conseguirás", lo que realmente quieren decir es: sigue deseando aunque ya no tengas energía emocional para desear porque, sea lo que sea lo que estás haciendo, ¡está funcionando!

Desde este punto de vista, la expectativa es una variante del deseo; es el primer obstáculo al que se enfrenta el deseo en su camino para convertir la Voluntad en Intención. En este caso, la expectativa es el aspecto que tiene el deseo cuando se agota toda la energía emocional que hay detrás de él. La expectación es el deseo con poca o ninguna energía detrás; es el deseo en el acto de acumulación energética.

La expectativa es una versión tibia del deseo; es el aspecto que tiene el deseo cuando se agota toda la energía emocional que hay detrás de él. La expectativa espera, sabe más allá de toda duda, y por lo tanto no tiene necesidad de empujar nada.

Como saben muchos que practican cualquier tipo de técnica de poder del pensamiento, todo lo que haces es el resultado de una acción interna:

Desde las personas con las que te cruzas y que te ayudan o entorpecen, hasta los pensamientos (creatividad e inteligencia) que tienes a lo largo del día, pasando por el empuje que tienes y, lo que es más interesante, por ese conjunto difícil de precisar de situaciones sincrónicas que suceden "accidentalmente", a las que te refieres como buena o mala suerte.

La parte que rara vez se menciona y se comprende es el hecho de que tú no creas/haces toda tu realidad; al menos no totalmente. Tu mundo particular y tu vida particular no son sólo el resultado de "tu" Acción Interna solamente (tus pensamientos, Voluntad, Intención, etc.). El mundo sigue existiendo cuando no le prestas atención y habría existido si tú nunca hubieras nacido. Además, la forma más poderosa de Acción Interna, que da forma a casi todos los aspectos de la vida humana, proviene de una Fuente completamente Extraterrestre.

Esta Fuerza Extraterrestre que verdaderamente moldea la realidad de la vida en este planeta está activamente comprometida en dirigir las tendencias naturales del pensamiento humano y, por lo tanto, la Intención humana. Ha remodelado el mundo de acuerdo con su propio diseño para poder construir una especie de "comedero" donde se alimenta de la esencia energética de la humanidad de la manera más despiadada imaginable.

Un Alquimista está ante todo interesado en superar esta Fuerza Extraterrestre y crear verdaderamente su propia realidad, su propia existencia perfecta. Él o ella hace esto refinando su Fuerza de Voluntad a través del acto más natural de comprometerse con el deseo ¡sin ningún compromiso!

Para desear que algo exista, para transmutar/manifestar algo en la existencia usando la Fuerza de Voluntad y la Manipulación Interna, necesitas hacer esas cosas que la mayoría del mundo te dirá que son inútiles, perezosas y no constructivas. Lo que tienes que hacer es tomarte el tiempo para desear esa cosa que más quieres durante todo el tiempo que puedas, sin hacer nada remotamente físico para conseguirla.

Y después, sólo actuar físicamente cuando se presente la circunstancia perfecta, de forma que parezca que es lo que sabías que iba a ocurrir desde el principio.

Actuar de esta manera es conseguir lo que quieras sin incitar el conflicto de los demás, sin importar lo que el mundo crea que es posible. Esto es Manipulación Interna llevada a cabo de una manera perfecta.

Capítulo 9. Deseo como Acción

Para entender el poder del "Deseo como Acción" a través de la polaridad OUT, pensemos en el anhelo de perder peso. Has reflexionado profundamente y, en línea con tus valores personales, sientes que quieres adelgazar. Quizás tengas una meta específica de peso y forma corporal, o tal vez solo sepas que deseas perder algo de peso lo antes posible.

Así que tómate un tiempo y ¡desea perder peso con todo tu ser!

Busca un lugar tranquilo donde puedas estar a solas un rato, y desea de corazón el cuerpo y la pérdida de peso que te gustaría lograr. Al hacerlo, notarás que tu atención se centra naturalmente en tu deseo, y si hay emociones asociadas, como suele ocurrir, esta energía emocional también se proyectará en ese anhelo.

Esto significa que a través del simple acto de desear, estás enfocando tu atención y proyectando tu energía en aquello que quieres. Solo esto ya te ayudará mucho a conseguir tus metas mediante este proceso de Acción Interna.

Mientras deseas, diversos pensamientos cruzarán tu mente. Podrías tener visualizaciones donde te ves con el cuerpo perfecto en la playa, o rodeado de gente que te admira y elogia tu apariencia saludable. También podrías experimentar otros sentimientos, como orgullo y satisfacción por haber alcanzado tu objetivo.

Aprovecha la fuerza de tu deseo para mantener la atención en estas visualizaciones, porque cuanto más vívidas sean, más potente será tu Fuerza de Voluntad. Recuerda que este es un acto energético de polaridad FUERA. Así que mientras deseas, asegúrate de exhalar en una respiración larga y constante usando las técnicas del Capítulo 6.

Finalmente, intenta desear tu meta el mayor tiempo posible. La Fuerza de Voluntad requiere un enfoque sostenido de la atención. No puedes desear algo solo un ratito y luego olvidarlo. Este deseo debe mantenerse tanto como puedas, y deberías practicar desear regularmente lo que quieres, idealmente a diario.

Verás que desear es bastante liberador. Es fácil sentarse y anhelar algo sin culpa ni compromiso. Así que siéntate, desea y abre las compuertas de tus sentimientos. Después de practicar la Contención Energética, esto se sentirá vigorizante.

Si surgen emociones negativas, canaliza esas Llamaradas Energéticas en tu deseo, usa esos sentimientos para enfocarte aún más vívidamente en lo que quieres; conocer el dolor de carecer de algo debería impulsarte a desearlo con más fuerza.

Y cuando sientas alegría al visualizar naturalmente tus deseos materializándose, usa también esa energía emocional para inundar esas imágenes mentales.

Intenta mantener este deseo 15 minutos, y luego ve si puedes prolongarlo a media hora o más.

Al intentar desear por períodos extensos, llegará un punto en que sentirás que te quedaste sin energía emocional. Parecerá que simplemente te cansaste de tanto desear.

Cuando esto pase, continúa deseando sin emoción. Es una sensación peculiar, difícil de describir con palabras, pero que puedes experimentar fácilmente si te dedicas a desear largamente. Desear sin emoción se reduce a decirte a ti mismo, desapasionadamente, lo que quieres, y luego mantener tu atención fija en ese deseo. El foco atencional es crucial, tal como lo fue en los ejercicios de visualización del capítulo 6.

Desear sin sentimientos es el primer paso hacia la expectativa. Y cuando surge el sentimiento final y verdadero de expectativa, te indica que lo que deseas se está convirtiendo o ya se ha convertido en una orden... y entonces sigues deseando, implacablemente, hasta que obtienes todo lo que quieres.

Desea de esta forma no emocional un tiempo, tratando de mantener la mayor concentración posible. Si lo haces lo suficiente, notarás que eventualmente puede resurgir un brote de emoción; es decir, podrías volver a sentir pasión por aquello que deseas.

Cuando aflore esta emoción, canalízala hacia tu deseo como antes, hasta que quizás vuelvas a quedarte sin emociones. En ese caso, repite el proceso, alternando entre momentos en que tu deseo está respaldado por emociones y momentos en que no lo está.

Si alguna de estas emociones te resulta demasiado abrumadora, recuerda que cuentas con el poder de la polaridad IN. Si un sentimiento negativo se vuelve insoportable y no puedes transmutarlo en tu deseo, asegúrate de consumir esa energía utilizando la técnica de polaridad IN.

Por ejemplo, mientras deseas perder peso, pierdes la concentración y comienzas a pensar en todas las delicias que te perderás o en lo difícil que será, de modo que te invade una gran ansiedad y un impulso contrario de hacer lo opuesto a tu deseo original. Estas emociones pueden ser tan intensas que sientes que vas a romper en llanto en cualquier momento y simplemente no tienes la fuerza para transmutar estos sentimientos en tu anhelo de adelgazar. Lo que necesitas entonces es consumir estas emociones negativas; inhala y usa la técnica de succión IN discutida en el Capítulo 4 hasta que te sientas más fuerte.

Después de absorber esta energía, deberías sentirte un poco más despierto, indicando que algo de energía extra ha vuelto a tu cuerpo. Usa este impulso para reenfocarte en tu deseo. Si estos sentimientos negativos regresan con la misma intensidad y sigues sintiendo que no puedes recanalizarlos, vuelve a absorber esta negatividad y continúa con tu deseo. Haz esto mientras dure tu sesión.

Este es el ciclo energético de ENTRADA y SALIDA en acción. Es el Yin-Yang de la Acción Mental interna.

Con esta técnica puedes lograr cualquier cosa. Te permite luchar contra la tendencia natural de la mente a crear exactamente lo contrario de lo que deseas. La mente, gobernada por el Gran Arconte, necesita el juego de opuestos para comprender cualquier cosa en su mundo: así funciona la razón, sin el contraste de los opuestos, no puede operar.

Esta mentalidad dice: para conocer el bien, hay que conocer el mal. Para apreciar la verdadera profundidad del negro, hay que conocer todo el blanco. Para saber lo que es el placer, hay que comprender la amplitud del dolor, y para entender la pérdida de peso hay que conocer todos los caminos que llevan a ganar peso.

Esta técnica permite traspasar las barreras impuestas por la mente. Lo hace mediante el compromiso con un enfoque sostenido de la atención en el deseo, y a través de la capacidad de reabsorber la energía opuesta que luego también se redirige hacia el deseo.

En el capítulo anterior hablamos de algunas razones por las que a veces las cosas no se manifiestan. Discutimos la multiplicidad de factores involucrados en la transmutación de algo de una frecuencia vibratoria a otra.

Lo que no hemos discutido hasta ahora es cuánta energía y atención se necesitan para manifestar lo que deseamos; no hemos abordado la idea de aumentar la intensidad energética y la masa.

Hay dos maneras de lograr la intensidad requerida para transmutar (manifestar) una cosa, un evento, o una orden silenciosa a la existencia:

Enfoque de la atención

Esto significa mantener tu deseo el tiempo necesario para conseguir lo que quieres. Es el acto de desear silenciosa y discretamente sin abandonar ese anhelo. Para un deseo a largo plazo, como perder peso, te recomiendo practicar reservar un tiempo diario para desear intensa y emocionalmente lo que quieres de forma regular. Más allá de eso, necesitas desear continuamente tu meta, y utilizar las técnicas descritas para recanalizar toda la energía disponible en ese deseo de manera sostenida hasta que obtengas lo que buscas.

Una Gran Explosión de Energía Focalizada

Un acto ritual, como una ceremonia mágica, crea este tipo de estallido energético. Esta técnica de aumento de intensidad implica combinar el foco de atención con la manipulación de energías naturales dentro del Mar Oscuro. Esta acumulación de energía llega a un crescendo cuando el practicante toma esta ola de energía intensamente poderosa y la proyecta directamente en el deseo, que puede tomar la forma de una visualización mental que representa el anhelo plenamente manifestado en forma física.

Quienes están atrapados por la Fuerza Extraterrestre tienen una agenda memética, están profundamente interesados en convertir a todos los demás a su sistema de creencias y están muy comprometidos en hacer cumplir las leyes que sus memes particulares defienden.

Es imposible enfrentarse abiertamente a todas estas personas debido a su gran número. Esto significa que ellos tienen ventaja, y como cualquiera que haya ido contra el sistema te dirá, tal acto es temerario y a veces bastante peligroso.

La Manipulación Interna implica acción interna, realizar una acción no solo más poderosa y eficiente que la fuerza física, sino completamente secreta. Es un tipo de acción que puedes hacer al aire libre, en público, sin que nadie sospeche jamás lo que estás haciendo. Te permitirá trabajar en la libre evolución de tu propia vida y tus propios valores/deseos, sin miedo a crear conflictos con la gente que te rodea, que en su mayoría vive vidas que no son las suyas, vidas de desequilibrio emocional, gente atrapada en la guerra de memes.

A través de la Manipulación Interna puedes crear sincronicidades muy favorables (buena suerte) para ti, lograr todas aquellas metas que siempre quisiste alcanzar (sin importar lo que los demás piensen de tus objetivos o tus posibilidades de conseguirlos), e influir en los demás hasta cierto punto, dependiendo de cuánto hayan desarrollado su propia Fuerza de Voluntad. Esta técnica te permitirá empezar a ganar todas las batallas que antes podías haber perdido.

Podrás hacer esto sin tener que esconderte en alguna cámara ritual clandestina, y como este es un sistema alquímico completo, también estás descubriendo cómo acceder a TODO el poder del Mar Energético que nos rodea, sin necesidad de pactos oscuros con poderes extraños, que pueden ser bastante peligrosos si se hacen de forma inadecuada.

Para realizar las técnicas presentadas en este libro que tienen que ver con la polaridad OUT, es imperativo que hagas una gran distinción entre Manipulación Externa y Manipulación Interna.

La manipulación externa es cualquier tipo de acción física

Esto significa que cualquier movimiento físico, incluyendo lenguaje corporal de cualquier tipo, necesita mantenerse bajo control si quieres realizar Manipulación

Interna en presencia de otros. En lugar de dejar que tu energía se escape en movimientos físicos, necesitas concentrarte en un tipo de acción que tiene lugar completamente a nivel subjetivo, sin revelar nunca de manera física que algo extraordinario está sucediendo.

Para explicarlo mejor, pensemos en cómo podemos utilizar la polaridad OUT para intentar alcanzar un objetivo más a corto plazo, más acorde con los numerosos conflictos que componen nuestro día a día.

Por ejemplo, podríamos considerar utilizar el poder de nuestra Fuerza de Voluntad para conseguir que un dependiente de una tienda nos trate mejor, o quizás para obtener un buen asiento en una cafetería o restaurante.

Digamos que estás devolviendo algo en unos grandes almacenes y te encuentras cara a cara con un empleado que ha sido grosero contigo en el pasado y que siempre pone problemas a la gente que devuelve cosas, a pesar de que la política de la tienda establece claramente que estás en tu derecho de devolver dicho artículo.

En primer lugar, en términos generales, una confrontación directa con una persona así casi siempre empeorará las cosas. Si te enfrentas a alguien que posiblemente esté muy perdido entre las oscuras nubes de la Intención Alienígena, alguien negativo y en constante guerra con los demás, decidido a difundir algún tipo de meme tanto como pueda, solo perderás tu energía.

El mundo está lleno de gente así, personas constantemente negativas (o exageradamente positivas) que se han entregado totalmente a defender algún programa. Este tipo de individuos busca literalmente algo contra lo que luchar.

Si te enfrentas a una persona así, le estás dando la pelea que necesita desesperadamente, y lo único que conseguirás al rechazarla es perder energía personal y darle una razón aún mayor para tratarte mal e intentar estafarte.

Esto no significa que tengas que ver cada interacción con otras personas como una especie de batalla. Es muy posible que te encuentres con mucha gente a lo largo del día que tenga una buena perspectiva y un comportamiento agradable, pero siempre existe la posibilidad de toparte con aquellos particularmente interesados en imponer su meme pase lo que pase.

Cuando te encuentres con ese tipo de personas, te sugiero utilizar las técnicas alquímicas que hemos discutido, específicamente las de Manipulación Interna y el Yin y Yang de la acción mental.

Para ello, no le des a esa persona algo contra lo que empujar, no le des ningún lugar al que atacar. Te vuelves hueco o vacío y tiras hacia DENTRO, en ese lugar (o de esa manera) donde ellos estarían inclinados a atacarte, y te vuelves sólido y empujas hacia FUERA tu energía enfocando tus esfuerzos en la Manipulación Interna en lugar de la acción física Externa. Así, contrarrestas su ataque de una manera que ellos no pueden defender: realizas un Ataque Interno.

A través de esta técnica Suprema Última, puedes derribar a oponentes muy poderosos empujándoles con un contraataque que no sospecharán. Puedes pensar en este contraataque como un tipo de "Empuje Suave".

Por lo tanto, cuando te enfrentes a este adversario particularmente difícil, no entables ningún tipo de respuesta física a sus agresiones negativas y descorteses. En su lugar, concentra la mayor parte de tu energía personal en el acto de Manipulación Interna.

Esto significa que debes resistirte a los debates verbales, a fruncir el ceño o a cualquier otro tipo de acción física agresiva o lenguaje corporal que solo provocará que esta persona se vuelva aún más territorial. En su lugar, lo que tienes que hacer es concentrar la mayor parte de tu energía en absorber su energía desagradable utilizando la técnica IN y contraatacar con un Empujón Suave "deseando" con fuerza el resultado que tú quieres; primero absorber, luego proyectar.

Puedes mirar a esta persona, pero no la mires fijamente. Y mientras la miras con un rostro calmado y quizás completamente impasible, desea fuertemente que te trate con respeto y que te devuelva el artículo que estás regresando sin ningún conflicto. Aquí hay un cuidadoso toma y daca: no quieres sentir demasiada emoción o explotarás. Personalmente, te recomendaría que absorbieras la mayor cantidad posible de su energía negativa y que luego intentaras proyectar tu deseo de la forma más controlada emocionalmente posible para ti.

Además, no te atasques intentando absorber y proyectar energía al mismo tiempo. Si intentas hacer ambas cosas a la vez, se te cruzarán los cables y podrías perder la compostura. Recuerda: absorber, proyectar, absorber, proyectar.

Por último, no te intereses en vengarte ni en machacar a la otra persona. Concentra tus esfuerzos en conseguir lo que quieres en última instancia, que en este caso sería una experiencia agradable en la que puedas devolver fácilmente un artículo que no era de tu agrado por una razón u otra.

En estas circunstancias, si se trata de una situación que se ha vuelto negativa y conflictiva, estás literalmente enfrentando tu voluntad a la voluntad de los demás y a la voluntad del momento. Pero en lugar de librar una batalla campal a través de la acción física y la confrontación directa, una batalla en la que los únicos ganadores son aquellas Fuerzas Oscuras interesadas en consumir tanto tu energía como la del empleado, tú le robas a esta intención oscura su poder, consumes la negatividad de los demás e impones tu propia Intención si la situación lo considera necesario.

Este tipo de batallas internas siempre están ocurriendo. Todos tenemos conversaciones, debates y discusiones muy acaloradas entre nosotros a nivel telepático. A menudo, somos en su mayor parte completamente inconscientes de estas conversaciones internas en las que todos nos involucramos, porque carecemos de sensibilidad o porque simplemente no nos atrevemos a creer que tales cosas sean posibles.

Tomando control consciente de tu propia energía y dirigiendo intencionalmente tus deseos hacia el mundo, puedes convertirte en un experto en ganar estas batallas silenciosas que a menudo marcan la diferencia entre una experiencia de vida placentera y una vida de ansiedad e intimidación constantes.

Sí, como puedes sospechar, la proyección de energía a través de tu deseo significa que estás dando a la Fuerza Extraterrestre parte de tu energía. Por lo tanto, es importante elegir cuidadosamente tus batallas y ejercer tu Voluntad solo cuando lo creas necesario. Si tienes que renunciar a tu energía, hazlo por algo que creas que vale la pena. Lucha por la libertad y la perfección de tu vida, en lugar de intentar vencer a los demás e imponer tus memes en un esfuerzo por salvar el mundo o dominarlo.

El mundo es perfecto tal y como es; es un lugar impecablemente creado donde se nos da la oportunidad de transmutar la materia prima en el oro más puro. Un lugar donde aprendemos a perfeccionar nuestra capacidad de manipular la energía.

Después de todo, esta es la verdadera Magnum Opus de la existencia humana.

Capítulo 10. Una Ópera Magna

"La clave del crecimiento es la introducción de dimensiones superiores de conciencia en nuestra conciencia." - Lao Tzu

El mundo ya está lleno de mucha agresividad; donde sea que mires, siempre hay alguien empujando contra otro, o un grupo luchando contra otro por el dominio. Este dominio es casi siempre una guerra de memes en la que un conjunto de creencias lucha contra otro. Si hubiera presentado únicamente la polaridad OUT de la manera que hubiera querido, habría estado perpetuando esta guerra de memes, y el único jugador que al final gana esa guerra es la Fuerza Alicnígena Depredadora que ahora controla el destino de la humanidad.

Utilizando solo la polaridad OUT, no puedes ganar una guerra de memes, porque incluso si te esfuerzas mucho por vivir una vida pacífica y buena, enfocándote solo en tener pensamientos positivos sobre ti mismo y los demás, esforzándote por no imponer tus creencias a los demás, sigues expulsando energía que está alimentando una forma de vida depredadora no orgánica y megalítica que está ahí fuera. Esta fuerza arcóntica utilizará todos los trucos posibles para lograr que expulses cada vez más energía. Como tal, encontrarás muy difícil realizar tus sueños porque:

No estás lleno de energía infinita. Tarde o temprano tus poderes disminuirán a medida que expulses más y más energía sin tener forma de reponer la que has perdido. Incluso si conservas energía al no presionar a los demás y enfocarte solo en tu propia vida, tu atención y enfoque mental disminuirán con el tiempo. Pocos de nosotros tenemos el enfoque de atención necesario para intentar ser felices todo el tiempo, pero incluso aquellos que tienen tal habilidad eventualmente se quedarán sin energía si todo lo que saben hacer es empujar la energía hacia fuera.

Pensar una cosa y no pensar otra requiere un gasto de energía. Prestar atención a una cosa e ignorar otra requiere energía. Una vez que nuestra energía decae, como debe suceder, perdemos ese enfoque y caemos desde cualquier altura que hayamos alcanzado.

La intención de los demás importa; no estás solo en este mundo. Contrariamente a lo que algunos podrían creer, no puedes ignorar al mundo y esperar que te deje en paz para que puedas tener todo lo que quieres sin ningún costo. Siempre hay que dar algo o luchar contra algo para obtener otra cosa, nada es gratis.

Aunque ignores al tigre, el tigre no te ignorará, y su deseo de encontrar comida suele ser tan fuerte (de hecho, a menudo más fuerte) como tu deseo de encontrar paz. No puedes ignorar las cosas del mundo que no te gustan o que no quieres esperando que de alguna manera desaparezcan y te dejen tranquilo.

Hay una fuerza depredadora externa ahí fuera. Su objetivo es consumir la energía humana imponiendo una visión desequilibrada a toda la humanidad. Esta visión perceptiva está diseñada para hacer que cada ser humano en la Tierra gaste tanta energía emocional como sea posible. Ya sean esas emociones miedo, odio, preocupación o amor, compasión, alegría, éxtasis. Para este ser megalítico, en última instancia no importa de qué emoción se trate, siempre y cuando obtenga mucha de ella.

Si constantemente te entregas a amar u odiar, en última instancia estás perdiendo.

Debido a estos obstáculos, en este libro te he presentado las polaridades de ENTRADA y SALIDA juntas. Con ellas puedes consumir la intención negativa (empuje) de otros, incluso la más poderosa Intención Alienígena del Arconte, y convertirla en energía personal que luego puedes transmutar en cambio personal. De esta manera, te mueves por el mundo como una fuerza poderosa; esta vez ganando las muchas batallas que todos debemos enfrentar mientras estemos en esta Tierra; a través de los principios del Yin-Yang de la Acción Interna.

Pero esas son solo dos polaridades dentro de un sistema de Polaridad Tripartita, y aunque ahora hay un poco más de estabilidad, y ciertamente una estrategia ganadora para vencer a todos los enemigos en esta Tierra, llega un punto en el que empiezas a preguntarte por qué estás luchando tanto en primer lugar.

Tal vez, mediante el trabajo duro y el esfuerzo concentrado, puedas conseguir la mayoría o todas las cosas que deseas. Puede que sientas que estás ganando, puede que incluso haya unos pocos "encumbrados" que puedan decir: "Lo tengo todo... ¿pero ahora qué?".

La respuesta a esta pregunta se revela cuando nos esforzamos por dominar las tres polaridades en igual medida. Y es a través de la tercera polaridad, la polaridad del VACÍO, que encontramos una salida al desafío final de nuestra existencia. Solo a través del dominio de esta última polaridad descubrimos dónde y cómo se gana verdaderamente la batalla.

El dominio de la polaridad VOID es, literalmente, la puerta a otro mundo. Es la puerta a una realidad mayor y a verdades mayores. Pero esta puerta no puede, y no debe, abrirse completamente hasta que dominemos primero las otras dos polaridades.

El primer aspecto de la Polaridad Tripartita VOID es su capacidad de proporcionar paz y satisfacción, la capacidad de separarnos de este mundo de conflictos aparentemente interminables. Mediante el uso de la técnica de Contención Energética, podemos descubrir un tipo de felicidad relajada que no es posible de otro modo en este mundo caótico.

Nuestro mundo se encuentra en un estado constante de flujo, ya que las energías son impulsadas de un modo u otro a través de lo que se denominaría fenómeno natural o fuerzas naturales. El esfuerzo de toda la humanidad e incluso el esfuerzo de esa Fuerza Extraterrestre que se alimenta de nosotros, son todos fenómenos NATURALES en el sentido de que todos somos hijos del Mar Oscuro.

Este flujo constante está fuera de nosotros y también dentro de nosotros. Afuera, vemos grandes movimientos de la Tierra y sus habitantes, vemos las estrellas desplazarse y cambiar, experimentamos las estaciones y el clima, y la gente se mueve y evoluciona. En nuestro interior, sentimos emociones, necesidades, deseos; experimentamos pensamientos, sentimientos y trascendencia a medida que envejecemos y evolucionamos a través del tiempo.

Este flujo es la vida y puede ser muy vigorizante, pero también muy cansado y muy duro. A veces, el flujo constante de nuestras vidas parece no traernos más que dolor y a menudo podemos llegar a la conclusión de que la mayor parte de la vida no es más que sufrimiento.

La Contención Energética nos permite detener toda o gran parte de esta fluctuación interna de energía; nos da una forma de detener parte del sufrimiento. Es la técnica energética mediante la cual podemos trascender una etapa concreta de nuestra vida y crecer más allá de nuestros límites anteriores.

Si bien es cierto que no podemos controlar las fuerzas colosales que están más allá de cualquier Intención humana, sí podemos controlar hasta cierto punto cómo nos afectan estas fuerzas titánicas.

La Contención Energética nos da paz y una extraña alegría. Esta alegría parece de alguna manera una contradicción en los términos, sin embargo, porque en lugar de tratar de empujarnos para sentirnos felices todo el tiempo, lo cual cansa muy rápido, nos volvemos felices y alegres al no tratar de ser felices o alegres de ninguna manera en absoluto. Descubrimos la alegría a través del Silencio Interno.

Ya que la Contención Energética es tan poderosa e importante, consideremos el acto de caminar entre una gran multitud de personas; lo que algunos pueden encontrar muy difícil.

Esto se debe a que hay un peso psíquico en la gente, que puede ser realmente difícil de soportar para algunos. Cuanta más gente hay en un lugar, más pesado se vuelve este peso. En las grandes multitudes todos están empujando hacia un lado u otro, tratando de hacer lo suyo mientras que al mismo tiempo siguen algún tipo de energía de multitud/grupo que los une, que puede impulsar a esa multitud/grupo a una acción unificada con una fuerza devastadora.

La próxima vez que te encuentres en medio de una gran multitud, quizás en un gran centro comercial realmente abarrotado, comprueba si puedes mantener la Contención Energética en este lugar.

Ejercicio: Contención Energética en una Gran Multitud (Contención Energética Nivel 1)

Empieza relajando tu cuerpo todo lo que puedas. Esta es siempre la mejor manera de empezar porque, como te habrás dado cuenta, a menudo nos tensamos un poco cada vez que nos encontramos cerca de la gente, especialmente de grandes multitudes. Por lo tanto, si te encuentras en un centro comercial abarrotado, puede que te sientas algo tenso.

Esta tensión es bastante natural porque el cuerpo se preparará instintivamente para lo inesperado en presencia de tanta gente. Se podría decir que lo antinatural sería que el cuerpo no se preparara para lo inesperado en medio de una gran multitud.

Por lo tanto, es una buena idea empezar respirando hondo, llenando los pulmones por completo y soltando el aire con el suspiro más natural posible, sin hacer ningún esfuerzo por contener la respiración. Una vez que estés en medio de esta gran multitud, comienza por tomar tres respiraciones profundas como esta y asegúrate de dejar ir esas respiraciones, relajando tu cuerpo completamente y dejando que tu cuerpo expulse ese aire naturalmente, como un agradable suspiro relajante.

Ahora trata conscientemente de sentir tu cuerpo e intenta notar si hay alguna zona en la que tu cuerpo sigue tenso. Si, por ejemplo, tienes los hombros tensos, quiero que centres tu mente conscientemente en esa zona, que lleves tu atención consciente a esos hombros tensos y que te digas internamente: "Relájate".

Haz lo mismo con cualquier parte de tu cuerpo que parezca abiertamente tensa. Puedes hacerlo en cuestión de segundos una vez que le cojas el truco.

A continuación, quiero que utilices la fuerza de atracción que mencioné en el capítulo 4, cuando te pedí que intentaras tirar de una taza colocada encima de la mesa. Usa esa poderosa fuerza de atracción para atraer la energía que sientes que estás proyectando desde ti mismo. Ten en cuenta que si una parte de ti estaba muy tensa, significa que esa parte de ti ha acumulado energía como una manguera retorcida y lo más probable es que ahora esté proyectando energía hacia el exterior. Por lo tanto, quiero que utilices esa fuerza de atracción para intentar atraer esa energía hacia ti. Tira con tanta fuerza como sea necesario para que toda esa energía vuelva a tu cuerpo.

Empieza tirando desde esos puntos tensos de tu cuerpo, y luego desde esas áreas que sientes que están proyectando energía más que otras. Con el tiempo, comprueba si puedes tirar de cada parte de tu cuerpo hasta que sientas que estás tirando de cada poro de tu piel. Este tipo de control consciente de la energía que estás expulsando requiere un poco de trabajo, pero una vez que le cojas el tranquillo te sorprenderá lo fácil y natural que se vuelve todo.

Siente esa fuerza entrando en ti; concéntrate en tirar hacia DENTRO de la energía que expulsas. Intenta olvidarte de la gente que te rodea y céntrate sólo en tu propia energía.

Una vez que sientas que has creado una especie de muro psíquico o separación entre tu cuerpo y el resto del mundo, quiero que tomes conciencia de este muro. Quiero que enfoques tu atención en este muro psíquico, en esa barrera entre tu energía autocontenida y la energía que fluye a tu alrededor.

Cuando tu atención esté enfocada en este muro, quiero que intentes solidificar este muro con tu Voluntad. Enfoca tu atención en él e imagina que se está volviendo más y más sólido, que esta barrera se está volviendo más y más dura.

Ahora trata de caminar a través de la multitud mientras mantienes este campo de Contención Energética. Si sientes que has expulsado energía más allá de tu Campo de Contención, tal vez porque alguna persona se interpone en tu camino y te enfadas o algo capta tu atención y te hace reaccionar emocionalmente de alguna manera, quiero que utilices esa fuerza de atracción para atraer de nuevo esa energía hacia ti. Una vez que esa energía expulsada está de vuelta dentro de ti y se siente Contenida de nuevo, recuerda solidificar esa pared y continuar con tu caminata.

Haz esto durante todo el tiempo que puedas, y comprueba si puedes caminar a través de toda la multitud de esta manera.

Lo que deberías notar rápidamente es que un paseo que normalmente te dejaría agotado y frustrado no será tan debilitante en absoluto. La mayoría de la gente se da cuenta enseguida de la ausencia de drenaje de energía, y puede resultar sorprendente comprobar cuánta energía se gasta normalmente al caminar entre una gran multitud. La reacción habitual de las personas que han probado este ejercicio es que se sorprenden al comprobar cuánta energía vital se pierde en la interacción humana.

Además de la sensación vigorizante que produce la Contención Energética, lo segundo que notan algunas personas puede ser mucho más sorprendente.

Como resultado de la separación que han establecido entre ellos y el mundo que les rodea, algunas personas pueden empezar a sentir fuertemente las ondas energéticas del Mar Oscuro por sí mismas. La Contención Energética te permitirá empezar a sentir realmente las mareas energéticas mientras chocan contra ti. Esta sensación es muy parecida a ser ligeramente empujado por una ola tras otra de esta energía o tensión cosquilleante que parece empujar contra ti muy ligeramente.

Y a medida que las personas sienten este desplazamiento de energía a su alrededor, pueden empezar a sentir realmente que estamos rodeados por un mar interminable de energía. Algunas personas pueden llegar a ser tan buenas, tan rápidas en la detección de esta energía, que incluso son capaces de sentir las olas de energía que se generan en estos grandes grupos de personas; ¡pueden sentir esta energía que fluye cuando sale de estos grupos y choca contra ellos!

Lo último y quizás lo más gratificante que notarás al separarte energéticamente de los demás, es la gran claridad mental y la calma de tus emociones. A través de esta tranquila separación del flujo de la vida, empieza a invadirte una profunda alegría interna, que crece en intensidad cuanto más tiempo eres capaz de mantener esta separación a través de la Contención Energética.

La alegría y la felicidad se convierten entonces en tu estado natural, siempre y cuando seas capaz de mantener tu Voluntad enfocada en el acto de la Contención Energética.

Personalmente utilizo la Contención Energética cada vez que necesito actuar de forma impecable. Gracias a la Contención Energética, soy capaz de pensar y actuar con claridad en situaciones en las que necesito mi mente lógica y la capacidad de actuar con precisión sin el estorbo de mis emociones.

No exagero si digo que esta técnica me ha cambiado la vida. Mi más profundo deseo es que también pueda ayudarte a ti.

Se dice, aunque yo personalmente no lo he experimentado, que si puedes "Querer" la Contención Energética el tiempo suficiente, tu Voluntad eventualmente se convierte en Intención. Esto significa que esta separación entre tú y el mundo que te rodea se vuelve permanente; se convierte en la Voluntad del Mar Oscuro. En ese momento, ya no formas parte de la raza humana; te has convertido en un ser aparte y eres libre para ascender más allá de las luchas del hombre medio.

Aunque esta es una consecuencia asombrosamente poderosa de la manipulación de la polaridad VOID, hay más dones que se pueden obtener mediante el uso de esta polaridad. En esta primera parte hemos utilizado el primer aspecto de la polaridad VOID, que está directamente relacionado con la corteza prefrontal del cerebro, y así hemos alcanzado el dominio sobre nuestros impulsos y emociones. Esta habilidad, cuando se domina completamente, anula gran parte de la influencia de la Fuerza Alienígena depredadora y permite al practicante permanecer solo en el flujo del caos humano.

En la segunda técnica de polaridad VOID, empleamos un procedimiento aún más poderoso que influye directamente en la Glándula Pineal [9]o Tercer Ojo, como se denomina en muchas filosofías místicas.

---

[9] La glándula pineal es una pequeña glándula endocrina situada en el cerebro que produce melatonina, una hormona que

Nota Importante

La Glándula Pineal es una "Puerta Estelar" que abre puertas a otros lugares y dimensiones, ¡y la Melatonina es el combustible que la hace funcionar!

En este segundo ejercicio, quiero que actives la polaridad del VACÍO, no sólo para detener tus brotes energéticos, ¡sino para detener por completo todo el parloteo mental de tu mente!

Para hacer esto, necesitas aprovechar un propulsor mental natural disponible para todos nosotros, si estamos dispuestos a pasar por el trabajo de cultivarlo. Esta hormona en particular se llama melatonina y es la responsable de que sientas sueño. Es la hormona que te lleva del estado de vigilia al estado de sueño. Esta hormona es producida por la Glándula Pineal que es el aspecto físico del Tercer Ojo del que se habla a menudo en la literatura mística, y esta es la localización de la polaridad del VACÍO en el cuerpo físico.

Ejercicio: Silenciar la Mente a través de la Acumulación de Melatonina (Contención Energética Nivel 2)

---

regula los patrones de sueño y vigilia. En algunas tradiciones espirituales y esotéricas, la glándula pineal está asociada con el "tercer ojo" y se cree que desempeña un papel en las experiencias místicas y la percepción extrasensorial.

Para cultivar esta hormona y utilizarla para detener todo diálogo interno, quiero que uses la segunda técnica que te mostré en el Capítulo 5. Ahora que tienes una mayor comprensión de todas las polaridades, permíteme refinar ligeramente esta técnica:

Quiero que simplemente te asegures de tomar al menos quince minutos de tu ciclo de sueño todos los días. Lo que quiero decir con esto es que si duermes un total de ocho horas de media cada noche, quiero que reduzcas ese tiempo de sueño a siete horas y cuarenta y cinco minutos.

Mi sugerencia personal es que elimines este período de quince minutos de tiempo de sueño de tu mañana en lugar de tu noche. Recomiendo esto porque el uso de la melatonina de esta manera puede reducir la cantidad de esta hormona que está presente en tu sistema. Si utilizas esta melatonina almacenada por la noche, es posible que no puedas dormir después; lo que significa que si te tomas quince minutos para hacer este ejercicio antes de dormir todas las noches, lo más probable es que te cueste conciliar el sueño después y que sufras episodios de insomnio.

Así que, si por ejemplo utilizas un despertador para levantarte cada mañana a las siete en punto, quiero que retrases tu despertador a las seis y cuarenta y cinco. De este modo, dispondrás de quince minutos más para realizar la técnica que describiré a continuación y, al mismo tiempo, aumentará gradualmente la melatonina en tu organismo. Esta melatonina extra puede ser utilizada para aumentar la potencia de la técnica siguiente y para ayudarte a relajarte a lo largo del día.

Recuerda esta nota especial:

Por favor, no intentes este tipo de ejercicio si conduces o estás a cargo de cualquier tipo de equipo sensible/pesado. La falta de sueño puede reducir en gran medida las habilidades motoras y los tiempos de reacción, así que por favor ten cuidado y solo realiza estos ejercicios si sientes que puedes realizarlos con seguridad.

Lo que quiero que hagas es que utilices estos quince minutos y la melatonina extra que tienes a tu disposición para desconectar por completo tu parloteo mental. Para ello, utiliza esos quince minutos extra para meditar de una forma muy poco habitual.

Cuando suene el despertador por la mañana, te sugiero que te sientes en la cama y te asegures de que estás despierto, y pongas el despertador a las siete para no quedarte dormido.

Lo ideal sería que pudieras sentarte en la cama para hacer esta meditación sentado. Si no es posible, túmbate en la cama y levanta las rodillas para que, si vuelves a quedarte dormido, las rodillas caigan hacia un lado y este movimiento te despierte.

Básicamente, lo que estás haciendo es un tipo de ejercicio hipnopómpico.

En esta fase, existe la tendencia a querer volver a dormirse y empezar a soñar de nuevo al instante. Por ahora, quiero que luches contra esta tendencia. Por eso te recomiendo que te sientes en la cama durante un minuto completo cuando te despiertes a las seis y cuarenta y cinco, y por favor recuerda aprovechar este minuto para poner a cero tu despertador para no quedarte dormido. Esto debería despertarte lo suficiente para que puedas realizar esta técnica correctamente. Cuando te sientas más despierto, puedes volver a tumbarte si te resulta más cómodo, pero recuerda levantar las rodillas como te he recomendado.

En lugar de entregarte al sueño y a la tierra de los sueños, quiero que intentes concentrarte en las sensaciones que puedas estar experimentando dentro de tu cuerpo. En particular, quiero que te concentres en esa sensación de somnolencia que parece indicar una gran necesidad de conciliar el sueño. Esta sensación de somnolencia es causada por la melatonina y es esta sensación/producción hormonal la que quiero que explotes. Presta atención a esta sensación de somnolencia y concentra toda tu atención en ella.

Notarás que al concentrar tu atención en esta sensación, tu parloteo interno se detendrá por completo. Si prestas mucha atención a esta sensación de somnolencia a medida que se mueve por tu cuerpo, también puedes empezar a sentir esta somnolencia como una sensación de hormigueo. Esta sensación de adormecimiento se moverá de arriba a abajo por el cuerpo y tenderá a hacerse más perceptible en la cabeza. Esta sensación acabará pareciéndote que tu cabeza está siendo anestesiada, como si se estuviera entumeciendo. Y esto es exactamente lo que está ocurriendo; es un adormecimiento del cerebro, un adormecimiento de la corteza cerebral. Este adormecimiento, permitirá que esta parte de tu cerebro se ralentice para que seas capaz de comprometerte con partes más profundas de tu psique.

De hecho, la melatonina es la puerta de entrada a otras dimensiones. Es la puerta a lo que llamamos sueños. Estos "sueños" son en realidad excursiones de la conciencia humana a dimensiones diferentes, fuera de la realidad física.

Pero, al principio, te recomiendo que te mantengas alejado de estas excursiones oníricas durante un tiempo y que, en su lugar, te concentres en la sensación de completa quietud de la mente. En este ejercicio, quiero que te concentres en esa sensación de adormecimiento y la utilices en tu beneficio para detener tu diálogo mental interno.

Es muy probable que te quedes dormido porque es muy difícil mantener la concentración en un estado de somnolencia. Con un poco de suerte, cuando te quedes dormido tus rodillas caerán hacia un lado y esto hará que te despiertes de nuevo. Cuando esto ocurra, quiero que vuelvas a intentar concentrarte en esa sensación de somnolencia y continúes así hasta que se acaben tus quince minutos y tengas que levantarte de verdad.

En un periodo de tiempo relativamente corto, serás capaz de mantener esa sensación de somnolencia durante largos periodos sin dormirte del todo. Al hacer esto, te verás inmerso en un completo silencio interno durante largos periodos de tiempo, lo que te permitirá empezar a explorar dimensiones internas más allá de lo imaginable.

Con el tiempo, serás capaz de recordar esta sensación de silencio y reproducirla cuando estés completamente despierto durante el día. Sin embargo, ten cuidado, ya que puede ser un ejercicio peligroso si necesitas mantenerte despierto, ya que puedes adormecerte durante el día.

Esta capacidad de silenciar la mente por completo creará literalmente un vacío dentro de ti, y este vacío te separará del mundo objetivo tridimensional que algunos llaman la verdadera realidad. Con el tiempo, serás capaz de mantener este completo silencio mientras que al mismo tiempo una parte diferente de ti permanece consciente y despierta en el mundo "real". Mientras una parte de ti se dedica a este mundo objetivo tridimensional, otra parte participará en extrañas aventuras dentro de dimensiones fluidas dentro de extrañas habitaciones angulares que no tienen paredes.

Este tipo de dominio general sobre la polaridad del VACÍO es lo que te permite entrar en tus sueños. El dominio de esta polaridad no sólo crea silencio interno, sino que abre la puerta a otros reinos que puedes empezar a explorar si así lo deseas.

Juntas, las tres polaridades trabajando de forma equilibrada, permiten al ser humano desarrollar todo su potencial. Mientras que las polaridades de ENTRADA y SALIDA permiten a una persona ser capaz de manipular poderosamente dentro de cualquier dimensión en la que se encuentre, la polaridad del VACÍO es la que permite a una persona abrir una puerta dimensional más allá de esta dimensión en la que la mayoría de la gente está atrapada, y entrar en otras dimensiones de existencia igual de válidas.

Juntas son la Santísima Trinidad de la Alquimia, ¡y su dominio es la única forma posible de alcanzar la ópera magna!

Epílogo

Mi objetivo ha sido brindarte una introducción concisa y clara a la Santa Trinidad Alquímica. He presentado cada una de estas polaridades y sus técnicas correspondientes de la manera más sucinta e inmaculada posible.

Conocer La Santísima Trinidad y buscar activamente dominar estas tres polaridades te convierte en un aprendiz en el VERDADERO arte de la Alquimia.

Y un dominio general de La Trinidad te hace un Alquimista propiamente dicho, especialmente si has acumulado suficiente energía para comenzar a remodelar tu realidad, ralentizar tu envejecimiento y empezar a trascender esta existencia tridimensional.

Espero que este libro pueda iniciarte o ayudarte a continuar en este camino hacia la verdadera libertad.

Te recomiendo dedicar la mayor parte de tu tiempo a la polaridad IN, especialmente si interactúas mucho con otros en tu día a día; quizás entre el 70 y el 90 por ciento de tu jornada.

Utiliza la polaridad VACÍO "Contención Energética de Primer Nivel" cuando necesites actuar de forma crítica y precisa, o la "Contención Energética de Segundo Nivel" cuando sientas que tienes suficiente energía para ir más allá de esta prisión tridimensional; tal vez entre el 5 y el 10 por ciento de tu día.

Y recurre a la polaridad SALIDA cuando debas enfrentarte a zombis meméticos o necesites remodelar tu realidad objetiva; quizás entre el 3 y el 5% de tu tiempo diario.

Estas sugerencias son subjetivas, por supuesto. Si pasas mucho tiempo con gente o si estás mayormente solo trabajando en proyectos creativos, puedes ajustar cómo y cuándo utilizar cada polaridad para tu mayor beneficio.

Independientemente de la distribución de tiempo que elijas para las tres polaridades, recuerda que la polaridad FUERA es la más costosa energéticamente, así que úsala con prudencia. No olvides que ¡la adquisición y conservación de energía es la tarea primordial de todo VERDADERO Alquimista!

Las técnicas cubiertas en este libro son apenas la punta del iceberg de todo lo que estas polaridades pueden ser y son dentro de la ciencia de la Alquimia. Hay sutilezas increíbles en los movimientos energéticos disponibles, y dominarlos a su máximo potencial tomaría vidas de esfuerzo.

La polaridad IN, por ejemplo, puede refinarse y su poder utilizarse para extender la vida física durante mucho tiempo. La polaridad OUT también puede perfeccionarse y usarse para rehacer y manipular cualquier aspecto de la realidad, de modo que un maestro de esta polaridad podría literalmente crear mundos completamente nuevos para habitar. Y como habrás adivinado, el refinamiento de la polaridad VOID permite escapar de las limitaciones de este mundo físico y moverse a través del espacio, el tiempo y las infinitas dimensiones disponibles durante una eternidad, si el viajero así lo desea.

Sin embargo, siento que aquí he proporcionado todo el conocimiento necesario para que cualquiera que pueda transformar este saber en poder a través de su Voluntad/Intención comience un auténtico viaje Alquímico.

Hablar tan abiertamente de cosas que antes se mantuvieron en secreto es liberador y representa la continuación de la confluencia energética de estos tiempos modernos. Esta confluencia energética dicta que todo lo que una vez estuvo oculto será revelado, de modo que lo único que se interpone en el camino de la evolución de cualquier persona es el poder de su propia Voluntad individual.

Esto significa que en estos tiempos modernos el conocimiento ya no puede ser acaparado para obtener riqueza y poder, y esto es positivo. Pero implica una mayor responsabilidad en el individuo y en la capacidad de esa persona para usar el conocimiento disponible; la habilidad de ese individuo para realmente convertir el conocimiento en poder.

Por lo tanto, espero que pongas a prueba y perfecciones tu Fuerza de Voluntad. Además, una vez que empieces a ver cambios positivos en tu vida, espero que utilices el tiempo y la energía extra que tengas para refinar también las otras dos polaridades.

Vive tu vida como tus deseos internos te piden y, de esta manera, refina naturalmente tu propia esencia espiritual. Y date cuenta de que al cumplir tus valores personales dentro de este mundo que todos compartimos y ayudamos a crear, también estás contribuyendo a que toda la humanidad se realice.

Cada persona que materializa sus valores personales y finalmente supera la intención depredadora que la ha limitado hasta ahora, ensancha el camino de la libertad para todos los que le siguen. Al ampliar este camino, facilita que otros sigan sus pasos, y cada acto de iluminación ayuda a toda la humanidad a crecer.

Esto continúa hasta que se alcanza un punto de inflexión, un punto crítico en el que la cantidad de personas que pasan por algún tipo de transmutación alquímica es tan grande que literalmente empuja al resto de la humanidad hacia un estado más evolucionado, impulsando a toda la humanidad hacia el siguiente paso en nuestro viaje humano colectivo.

El renombrado alquimista Sir George Ripley concluyó sabiamente su tratado sobre las Doce Puertas de la siguiente manera:

"Así que para llevar este tratado a un final definitivo,

Y resumir brevemente todos estos secretos aquí,

Observa diligentemente y atiende a tu figura,

Que contiene todos estos misterios grandes y pequeños,

Y si lo concibes, tanto en teoría como en práctica,

Por figuras y colores, por escrituras claras,

Sabiamente concebido, no trabajarás en vano."

Pluma Arcana

www.OperacionArconte.com

Sobre el Autor

Pluma Arcana es el seudónimo de un enigmático alquimista moderno, cuya vida ha estado marcada por una incesante búsqueda de conocimiento oculto y una profunda fascinación por los misterios que se esconden más allá de los límites de la realidad convencional. Desde temprana edad, Pluma Arcana sintió una insaciable curiosidad por descifrar los secretos del universo y comprender las fuerzas invisibles que rigen nuestro mundo.

Nacido en una familia de mente abierta, Pluma Arcana tuvo la fortuna de crecer rodeado de libros sobre filosofía, religión y esoterismo. Sus padres, ambos amantes de la sabiduría antigua, fomentaron en él un espíritu inquisitivo y una pasión por el aprendizaje. Desde muy joven, Pluma Arcana se sumergió en las obras de los grandes pensadores y místicos de la historia, desde Hermes Trismegisto hasta Carl Jung, pasando por Paracelso y Aleister Crowley.

A medida que crecía, Pluma Arcana comenzó a experimentar una creciente sensación de que la realidad que percibimos es solo una ilusión, una matriz que oculta una verdad más profunda y trascendental. Esta inquietud lo llevó a explorar diversas tradiciones espirituales y esotéricas, en busca de respuestas que pudieran saciar su sed de conocimiento.

Fue durante sus estudios universitarios de filosofía y psicología cuando Pluma Arcana tuvo su primer encuentro con la alquimia. Fascinado por la idea de la transmutación espiritual y la búsqueda de la Piedra Filosofal, se sumergió en los antiguos tratados alquímicos, descifrando sus enigmáticos simbolismos y alegorías. Pronto comprendió que la alquimia no se trataba solo de transformar metales en oro, sino de un profundo proceso de transformación interior, un camino hacia la iluminación y la liberación.

A partir de ese momento, Pluma Arcana se dedicó en cuerpo y alma al estudio y la práctica de la alquimia, combinándola con sus conocimientos de gnosticismo, hermetismo y otras corrientes esotéricas. A través de la meditación, la contemplación y la experimentación, comenzó a desarrollar su propio sistema alquímico, adaptado a los desafíos y necesidades del mundo moderno.

Pero su búsqueda no se detuvo ahí. A medida que profundizaba en los misterios de la alquimia, Pluma Arcana comenzó a vislumbrar la existencia de fuerzas oscuras y parasitarias que parecían alimentarse de la energía vital de la humanidad. Estas entidades, a las que más tarde identificaría como los Arcontes, se manifestaban tanto en el plano físico como en el psíquico, manipulando sutilmente nuestras percepciones y emociones para mantenernos atrapados en un estado de ignorancia y esclavitud.

Convencido de que la alquimia podría ser una poderosa herramienta para liberarnos de las cadenas de los Arcontes, Pluma Arcana se embarcó en una misión para compartir sus conocimientos y experiencias con aquellos que estuvieran dispuestos a escuchar. A través de sus escritos y enseñanzas, busca despertar en otros la chispa de la curiosidad y el deseo de trascender los límites impuestos por la matriz ilusoria.

Hoy en día, Pluma Arcana continúa su incansable búsqueda de sabiduría, explorando los rincones más recónditos de la psique humana y del cosmos. Combina sus estudios alquímicos con investigaciones en campos como la física cuántica, la neurociencia y la psicología transpersonal, buscando puentes entre la ciencia y la espiritualidad.

Además de su labor como escritor y maestro, Pluma Arcana es un apasionado defensor de la libertad individual y la soberanía energética. Cree firmemente que cada ser humano tiene el potencial de convertirse en su propio alquimista, transmutando el plomo de la ignorancia y el miedo en el oro de la sabiduría y la liberación.

A través de sus obras, como "Contra los Arcontes: Sabiduría Hermética y Gnóstica para Ganar la Batalla contra los Parásitos Energéticos y Alcanzar la Liberación Psíquica", Pluma Arcana busca empoderar a sus lectores, proporcionándoles las herramientas y conocimientos necesarios para enfrentar a los Arcontes y reclamar su libertad innata.

Con su estilo único, que combina erudición, profundidad filosófica y un toque de misterio, Pluma Arcana se ha convertido en una figura influyente en los círculos esotéricos y contraculturales. Su mensaje resuena con aquellos que anhelan despertar del letargo impuesto por la mátrix y embarcarse en un viaje de autodescubrimiento y transformación.

Mientras la humanidad se adentra en una era de incertidumbre y cambio acelerado, la voz de Pluma Arcana se alza con esperanza y sabiduría, invitándonos a cuestionar nuestras creencias, a desafiar los límites de lo posible y a reclamar nuestro poder inherente como seres espirituales en una aventura cósmica sin fin.

www.ingramcontent.com/pod-product-compliance
Lightning Source LLC
Chambersburg PA
CBHW060512100426
42743CB00009B/1292